AF189731

Biografie Smolle Smolinski

Geboren 1965 im nördlichen Ruhrgebiet. Ab 1987 Student an der WWU Münster. Da das Leben noch immer der beste Lehrer ist: Abbruch ohne Abschluss Mitte der Neunziger. Stattdessen über ein Jahrzehnt Tätigkeit im ersten Kino am Platz, macht dort fast alles außer der gefährlichen Vorführtätigkeit. Versorgt zeitgleich die Kneipe, in der er auch seine spätere Frau kennenlernt, mit Punk-Tapes. Zu Beginn des neuen Jahrtausends Umzug in ein Golddorf. Parallel dazu Mitglied eines der erfolgreichsten Teams der Kneipen-Quizliga in Münster. Zahlreiche Teilnahmen an privaten und öffentlichen Quizzes, auch als Veranstalter und Fragenautor. Besitzt eine der größten Inselwitzsammlungen im Münsterland. Und ist jetzt auch noch erfolgreicher Schriftsteller.

smolle-smolinski.de

Smolle Smolinski

Das Quizbuch
vom Wilden Westen

Für Ines

Bibliografische Information der Deutschen Nationalbibliothek:
Die Deutsche Nationalbibliothek verzeichnet diese Publikation
in der Deutschen Nationalbibliografie, detaillierte bibliografische
Daten sind im Internet über http: //dnb.dnb.de abrufbar.

Herstellung und Verlag:
BoD – Books on Demand, Norderstedt

ISBN: 9783749484928

Einleitung

Der Wilde Westen – als Mythos heute noch so relevant wie schon seit Jahrzehnten: Eine Western-Parodie von Bully Herbig wurde 2001 einer der erfolgreichsten Filme aller Zeiten auf deutschen Kinoleinwänden. In keinem anderen Land der Erde ist die Faszination für die amerikanischen Ureinwohner so groß wie in Deutschland.

Quiz – vor allem im TV – von ungebrochener Popularität, durch erfolgreiche Handy-Apps wie „Quizduell" auch einer jüngeren Generation zugänglich, die zumindest mit „Wer wird Millionär" schon von Kindesbeinen an vertraut ist.

Genügend Gründe also, ein „Quizbuch vom Wilden Westen" auf den Markt zu bringen. Wie bei allen Freizeitaktivitäten sollte der Spaß für die Beteiligten im Vordergrund stehen. Doch zuvor noch etwas trockene Begriffsklauberei (zu jedem guten Quiz gehört auch etwas Korinthenkackerei):

Der Begriff „Wilder Westen" bezeichnet sowohl eine geographische Region als auch eine zeitliche Epoche: Geographisch stets den Bereich der historischen USA sowie der Grenzstaaten im Norden und Süden, Kanada und Mexiko, der noch nicht von der „Zivilisation" vereinnahmt ist; zeitlich den Rahmen ab ca. 1750 [French And Indian War] bis zur Schließung der FRONTIER 1890, aber gerade im filmischen Bereich auch die Jahre der mexikanischen Revolution, der Depressionsära (Serials!) und der Spätwestern wie „Junior Bonner", „Hud" oder „Lonely Are The Brave".

Da unser Bild des Wilden Westens in erster Linie durch Literatur und vor allem Film geprägt wurde, folgen auf historische Fragen meist auch solche, die sich mehr auf Mythen und Medien beziehen.

Aber das alles nicht zu dogmatisch, wo bleibt denn sonst das Vergnügen? Und daher erlaube ich mir auch einige sprunghafte Exkurse in Bereiche, die scheinbar so gar nichts mit dem Thema zu tun haben.

Da ich ein bequemer Mensch bin und gleichzeitig an die Intelligenz meiner Leser glaube, verzichte ich auf Multiple-Choice-Antworten. Ich nehme mir lieber den aktuelleren (internationalen) Quiz-Trend zum Vorbild, der als „Clue" meist schon in der Frage einen Hinweis auf die Antwort platziert.

Dadurch werden die Fragen natürlich umfangreicher, was dem Leser hoffentlich auch einiges an Hintergrundwissen vermittelt.

Regeln

Natürlich gehören auch zu einem Quizbuch einige Regeln:
Dabei orientiere ich mich ebenfalls am üblichen Standard der (inter)nationalen Quizzes.

Die Rechtschreibung ist zweitrangig, lediglich die Aussprache sollte korrekt sein (Sollte die Lösung „Sepp Maier" lauten, so würden auch „Sepp Meier" oder „Sepp Meyer" als richtige Antwort gelten).

Sollte nach Personen gefragt werden, genügt als Antwort der Nachname (sofern nicht anders angegeben). Wird ein falscher Vorname hinzugefügt, gilt die gesamte Antwort als falsch (Wer also „Sepp" oder „Josef" Maier schreibt, bekommt den Punkt, bei „Johannes" oder „Nepomuk" Maier eben nicht).

Wenn ein Filmtitel gefragt ist, zählt grundsätzlich der Originaltitel ebenso wie jeder deutsche Verleihtitel als richtige Antwort; in den Lösungen ist allerdings der gebräuchliche deutsche Titel angegeben.

Um die Nerven der Leserschaft nicht mit der endlosen Wiederholung von Formulierungen wie „Wie ist der Name?" oder „Wie lautet der Begriff?" zu strapazieren, habe ich oft auf ebendiese verzichtet. Stattdessen findet sich nach dem mehr oder minder umfangreich ausformulierten Hintergrund der Frage in Klammern eine kurze Definition der erwarteten Antwort.

Und nun: Viel Spaß und gutes Gelingen; wer alle 278 Fragen richtig beantwortet, erreicht 305 Punkte!

Da die Abbildungen im Text auf derselben Seite erscheinen sollten, wie die dazugehörigen Fragen, tauchen im Quizbereich viele halbleere Seiten auf. Der unerwartet verfügbare Platz eignet sich also hervorragend zum Beantworten der Fragen, für persönliche Notizen oder einfach als Einkaufszettel.

Fragen

Zum warm werden: Von welcher norddeutschen Country-Band aus Maschen stammt der Song „Der wilde, wilde Westen"? Der Name der Band erinnert an eine Rastmöglichkeit für LKW-Fahrer. (*Name der Band*)

Und welcher schwarze Superstar sang dies 1999 auf Englisch als Titelmelodie eines
gleichnamigen Filmes? (*Name des Sängers*)

Als die ersten britischen Siedler Ende des 16. Jahrhunderts nordamerikanischen Boden betraten, benannten sie die in Anspruch genommenen Ländereien zu Ehren ihrer damals noch regierenden Königin Elisabeth (I.), die auch als „Die jungfräuliche Königin" bzw. „The Virgin Queen" bezeichnet wurde. Zwei spätere Bundesstaaten tragen diesen Namen immer noch, einer unverändert. (*Name der damaligen Ländereien*)

Die erste dauerhafte Siedlung der Briten auf amerikanischem Festland bekam ihren Namen dann zu Ehren des Elisabeth-Nachfolgers Jakob I. und erhielt also den originellen britischen Namen … (*Name der Siedlung*)

Noch vor Beginn der eigentlichen amerikanischen und damit auch der Western-Geschichte steht eine Episode, in der eine Indianer-Prinzessin Ehefrau eines der Neuansiedler wird. Im Gegensatz zu „The New World" von Regisseur Terrence Malick und vor allem zu der romantischen Disney-Trick-Version war die Ehe zu John Rolfe wohl eher zweckmäßig, wie auch in europäischen Adelshäusern üblich, wenn nicht sogar erzwungen. Der Name der Häuptlingstochter wurde 2016 auch als Singletitel von AnnenMayKantereit zum Hit. (*Name der Häuptlingstochter*)

Im November 1620 gingen die sogenannten Pilgerväter an Land, allerdings nicht am ursprünglich geplanten Zielort. Das Schiff, das sie nach Amerika brachte, trug den Namen einer Pflanze. (*Name des Schiffes*)

Die Pilgerväter benannten ihren Ankunftsort nach ihrer englischen Heimatstadt, später wurde auch eine Automarke daraus. (*Name des Ortes*)

Schon in ihrem ersten Jahr sollen die Einwanderer mit Einheimischen des Wampanoag-Stammes ein Erntedankfest gefeiert haben, inzwischen das wohl wichtigste amerikanische Familienfest, stets am vierten Donnerstag im November. (*Name des Festes*)

Leider begründeten sie ebenso die lange Tradition von Anfeindung und Unterdrückung (bis hin zur fast völligen Ausrottung der Ureinwohner) aller nicht zur inzwischen als W.A.S.P. bezeichneten Bevölkerungsschicht gehörenden Menschen: Einen der frühesten Höhepunkte erreichte dies in den Hexenverfolgungen einer Stadt biblischen Namens, der auch im Titel des ersten von Stephen-King-geschriebenen Romans auftaucht. (*Name der Stadt*)

Die damaligen Ereignisse behandelte 1953 in seinem Theaterstück „Hexenjagd" einer der populärsten Dramatiker der USA, der zusätzliche Bekanntheit durch seine Ehe mit Marilyn Monroe erhielt. (*Name des Schriftstellers*)

Und wofür genau steht der inzwischen eher despektierlich gemeinte Begriff W.A.S.P.? (*W.A.S.P.*)

Schon einige Jahre vor Asterix schufen Albert Uderzo und René Goscinny einen Comic über einen Indianer, der zusammen mit seinem französischen Blutsbruder Abenteuer zur Zeit der ersten Kolonisten erlebt. Im Deutschen wird der Franzose Hubert von Täne genannt; welchen Namen trägt der beste Krieger der Wascha-Wascha, dessen Kriegsruf „Yakyakyak" lautet? (*Name des Indianers*)

Der French-And-Indian-War gilt als Nebenschauplatz des Siebenjährigen Krieges in Europa. Neben der Vorherrschaft auf dem alten Kontinent ging es dabei auch um wesentliche Einflussnahme in Nordamerika und Indien, weswegen dieser Krieg auch als Vorläufer der Weltkriege bezeichnet werden kann. Zeitlich um diesen Krieg herum spielen die Abenteuer des Natty Bumppo, der in fünf Romanen James Fenimore Coopers an der Seite seines indianischen Freundes Chingachcook erlebt, wie weiße Pioniere die amerikanischen Ureinwohner immer weiter nach Westen drängen und somit schon deren Untergang beginnt. Unter welchem Namen ist Natty Bumppo geläufiger (es gibt mehrere Möglichkeiten, eine genügt). (Ein Kampfname Natty Bumppos)

Als eines der möglichen Vorbilder seiner Hauptfigur gilt einer der berühmtesten Pioniere und Jäger Amerikas; der Mann gilt heute als "Vater Kentuckys", gab seinem Gewehr einen Namen (kennen wir das nicht irgendwoher?) und wird zumeist in Literatur und Film mit Fellmütze dargestellt, obwohl er immer den Filzhut der Quäker getragen haben soll. (*Name des Pioniers*)

Coopers Romanzyklus gehört zu den bekanntesten Werken der Weltliteratur. Der wohl populärste Band ist „Der letzte Mohikaner". Wie hieß der titelgebende Sohn Chingachgooks, der leider am Schluss des Romans zu Tode kommt? (*Name des letzten Mohikaners*)

Eine eher werkgetreue Verfilmung aller fünf Romane bietet der Advents-Vierteiler „Die Lederstrumpferzählungen" aus dem Jahre 1969. Der Darsteller des Natty Bumppo ist Angehörigen meiner Generation bekannt als Sprecher vieler Hörspiele ebenso wie als Moderator von „Kennen Sie Kino?" (*Name des Schauspielers*)

In den Jahren von 1763 bis 1767 wurde die noch heute gültige Grenze zwischen Pennsylvania und Maryland vermessen und festgelegt. Die dadurch entstehende Strecke wurde nach den beiden Vermessern benannt und bildet bis heute die traditionelle Trennlinie zwischen Nord- und Südstaaten; außerdem gilt der Name als eine mögliche Erklärung für die Bezeichnung der Südstaaten als "Dixieland". Wie wird die Grenzlinie genannt? (*Name der Grenzlinie*)

Am 16. Dezember 1773 setzten Bostoner Bürger, die sich als Eingeborene verkleidet hatten, ein Zeichen gegen die britischen Kolonialherren: Sie warfen drei Schiffsladungen Tee ins Wasser des Hafens. Wie wird die Aktion, die in den USA auch heute immer wieder politisch vereinnahmt wird (insbesondere von konservativen Kräften) inzwischen genannt? (*Bezeichnung für die Protestaktion*)

Von 1775 bis 1783 tobte der Unabhängigkeitskrieg zwischen Kolonisten und britischer Krone, in dessen Verlauf 13 Kolonien am 4. Juli 1776 die Unabhängigkeitserklärung der Vereinigten Staaten von Amerika niederschrieben. Mitunterzeichner, Oberbefehlshaber der Kontinentalarmee der Kolonisten sowie erster Präsident des neugegründeten Staates von 1789 bis 1797 wurde ein Mann, nach dem auch die spätere Hauptstadt benannt wurde. (*Name des ersten Präsidenten*)

Aus einem 1779 erbauten Fort entstand bis heute Nashville, die Hauptstadt des Staates Tennessee, auch "Music City" genannt. Wofür genau ist Nashville, TN, berühmt? (*Hauptgrund von Nashvilles Berühmtheit*)

Der größte Landverkauf der Menschheitsgeschichte eröffnete 1803 dem jungen Staat in jeglicher Hinsicht neue Möglichkeiten: Die USA erwarben ein Gebiet, das Teilgebiete von ungefähr 15 heutigen US-Staaten bzw. Kanadischen Provinzen umfasste und verdoppelten auf einen Schlag ihr gesamtes Territorium. Gesucht ist der Name, den das gewaltige "Grundstück" damals trug, ebenso wie ein heutiger US-Bundesstaat, benannt nach einem französischen König, der der 14. Träger seines Namens war. (*Name des verkauften Gebietes*)

Dieser Landerwerb weckte in den Städten des Ostens das Interesse breiter Bevölkerungsmassen am Westen und führte so zu zahlreichen Expeditionen, die alle auf den Pazifischen Ozean hinzielten. Die Lewis-und-Clark-Expedition von 1804 bis 1806 wurde durch das erste erfolgreiche Erreichen der Pazifikküste auch die bekannteste. William Clark wurde in einer Verfilmung aus dem Jahr 1955 von einem Mann dargestellt, der später auf fast überlebensgroße Charaktere spezialisiert war und für die Titelrolle in "Ben Hur" einen Oscar erhielt. (*Name des Schauspielers*)

Damit begann die Zeit der Mountain Men, Trapper und Jäger, die im Auftrag der großen Pelzhandelsgesellschaften zuerst vor allem Biber, später dann Büffel zur Strecke brachten. Zu den bekanntesten gehörten Jim Bridger oder Kit Carson, zu erraten ist jetzt aber ein besonders legendenumrankter. Der Mann mit dem schönen Spitznamen "Liver-Eating" soll aus Rache über die Ermordung seiner Frau über 300 Crows getötet, skalpiert und ihre Lebern gegessen haben. Die Verfilmung mit Robert Redford in der Titelrolle 1972 war dann doch nicht ganz so blutrünstig. (*Name des Trappers*)

Sehr populär war auch "Trapper John" McIntyre, trotz seines Spitznamens allerdings weder Jäger noch Fallensteller, sondern Chirurg, erst im Dienste eines "Mobile Army Surgical Hospitals", später im San Francisco Memorial Hospital. In welchem Krieg kam Trapper John beim MASH zum Einsatz? (*Bezeichnung des Krieges*)

Gute Grundlage: Eines der amerikanischen Nationalgetränke ist sicherlich der Bourbon Whiskey, der hauptsächlich aus Mais besteht. Auch wenn es eigentlich keine geographischen Beschränkungen für die Herstellung des Bourbon gibt, wird er praktisch nur in zwei US-Staaten produziert. Einer davon genügt als Punktgewinn. (*Name eines Bundesstaates*)

Im Rahmen der texanischen Unabhängigkeitsbestrebungen gab es zahlreiche Auseinandersetzungen zwischen mexikanischen Truppen und amerikanischen Siedlern. Diese gipfelten 1836 in der Schlacht um ein Fort beim heutigen San Antonio, in deren Verlauf mehrere hundert der Verteidiger zu Tode kamen. John Waynes erste Regiearbeit trägt den selben Namen. (*Name des Forts*)

Einer der damaligen Befehlshaber und späteren Gefallenen war ein Mann, der bis heute als Namensgeber eines Jagd- und Kampfmessers sowie eines der populärsten Rockstars in aller Munde ist. (*Name des Befehlshabers*)

Schon zu Lebzeiten eine Legende war ein Kriegsheld und späterer Politiker, der ebenfalls zu den Gefallenen gehörte. Sein ursprünglicher Vorname "David" wurde durch eine erfolgreiche Disney-TV-Serie dauerhaft in der öffentlichen Wahrnehmung verändert.(*Name des Mannes*)

Er ist die Lebensader der USA: Ein fast 4000 Kilometer langer Fluss, der von Minnesota aus in der Nähe der Kanadischen Grenze bis hinter New Orleans, wo er dann in den Golf von Mexiko mündet, nahezu den gesamten Staat vom Norden bis zum Süden durchschneidet. Ein Bundesstaat heißt wie dieser Fluss. (*Name des Flusses*)

Literarische Berühmtheit erlangte der gesuchte Fluss vor allem durch die Erzählungen Mark Twains, der selbst einige Jahre bis zum Ausbruch des Bürgerkrieges in St. Louis als Lotse arbeitete. Viele seiner Werke sind geographisch auch dort angesiedelt. Wie heißen seine zwei berühmtesten Schöpfungen, deren Abenteuer in Deutschland zumeist als KInderbücher vermarktet wurden (Ein Name genügt)? (*Name eines von Mark Twains Helden*)

Ab 1843 war die Besiedlung des Westens endgültig nicht mehr zu stoppen: Im Frühjahr brach der erste große Treck auf, dem 30 Jahre lang noch viele folgen sollten; der Weg führte von Missouri nach Oregon und später auch nach Kalifornien, sodass die über 3000 Kilometer lange Strecke originellerweise welchen Namen bekam? (*Name des Weges*)

Eines der eher spärlich gesäten Vergnügen der Siedler war der ungefähr in der Zeit vor und während des Bürgerkrieges entstandene Volkstanz, der in modernerer Form auch heute vielfach in den USA getanzt wird. Entstanden aus Einflüssen vieler eingewanderter Völker, zieren das heutige internationale Symbol des Tanzes zwei Quadrate. (*Name des Tanzes*)

Zu den späteren Vergnügungen der Siedler ebenso wie ihrer Nachfahren bis in die heutige Zeit gehört(e) ein Kartenspiel, bei dem meist jeder Spieler fünf Karten aus einem 52er-Blatt erhält, mehrere Karten austauschen kann, und bis zum Schluss sehr hohe Einsätze tätigen darf. (*Name des Kartenspiels*)

Klingt im Deutschen mehr nach "Feiern im Gewitter", meint aber eigentlich Ereignisse, die sich im Winter 1846/1847 zutrugen: Ein später nach seinem Führer benannter Siedler-Treck wurde in der Sierra Nevada eingeschneit. Obwohl den Siedlern erfrorene oder verhungerte Mitreisende als Nahrung dienten, überlebte nur eine Handvoll Menschen bis zum Frühling. (*Name des Trecks*)

Naturgemäß fand diese Tragödie vielfach Einlaß in die populäre Kultur. Vermutlich am bekanntesten ist eine Filmszene, in der der Hauptdarsteller und Regisseur seinen Schuh verspeist. Welcher vielleicht genialste aller Film-Spaßmacher tat das in welchem seiner Filme (der im übrigen auch zum Western-Genre gezählt werden kann)? (*Name des Filmschaffenden/Filmtitel*)

Die Schuhe bestanden übrigens aus einer beliebten Süßigkeit, zu deren Herstellung meist Süßholz geraspelt wird. (*Name der Süßigkeit*)

Am 9. Mai 1847 schloss John O. Meusebach (eigentlich Otfried Hans Freiherr von Meusebach) als Vertreter mehrerer Ortschaften mit hauptsächlich deutschen Siedlern einen Friedensvertrag mit den Komantschenhäuptlingen Buffalo Hump, Santa Anna und Old Owl. Was war leider bis heute das Besondere bei diesem Vertragsabschluss? (*Besonderheit des Vertrages*)

Am 29. März 1848 verstarb Johann Jakob Astor, ebenfalls deutscher Emigrant und erster amerikanischer Multimillionär. Einer seiner Nachkommen, John Jacob Astor IV, kam am 15. April 1912 um, beim Untergang eines für unsinkbar gehaltenen Schiffes. (*Name des Schiffes*)

Noch vor der Zeit der Revolvermänner und der Indianerkriege geriet Kalifornien ins Blickfeld der bis dahin vorhandenen nicht indigenen Bevölkerung: Ein von 1848 bis 1855 anhaltender Goldrausch zog Unmengen von Glücksrittern in die Nähe von Sutter´s Mill, mit teilweise verheerenden Folgen sowohl für das Zielgebiet als auch für alle zurück gelassenen Siedlungen. Dennoch genügte der Bevölkerungszuwachs von Schatzsuchern aus aller Herren Länder, dass Kalifornien 1850 zum 31. Bundesstaat der USA wurde. Ein gebürtiger Österreicher, der vor allem als Bergsteiger und Alpenkenner bekannt ist, inszenierte 1936 mit „Der Kaiser von Kalifornien" seine Version der Ereignisse um Johann August Sutter. (*Name des Österreichers*)

Auch eines der populärsten Teams der NFL im American Football leitet seinen Namen vom damaligen Goldrausch her. (*Name des Football-Teams*)

Einer der Hauptausrüster der Goldgräber wurde ein in der Nähe von Bamberg geborener Textilhersteller, Levi Strauss. Neben zahlreichen Alltagsgegenständen verkaufte er den Prospektoren auch Stoffe und Kleidungsstücke, insbesondere besonders strapazierfähige Hosen. Zusammen mit Jacob Davis gilt Strauss als Erfinder der 1873 patentierten Kultbeinkleider. (*Name der Kleidung*)

Zwei große Wüsten, die Teile Kaliforniens, aber auch anderer Bundesstaaten, sowie Mexikos bedecken, gehen fast ineinander über. Die nördliche ist nach einem dort ansässigen Indianerstamm benannt, die südliche heißt wie der teilweise überlappende mexikanische Bundesstaat. Schon einer der Namen bedeutet einen Punkt. (*Name einer der Wüsten*)

Gesucht ist jetzt der Name einer Pflanze, die fast nur in der gesuchten nördlichen Wüste aus der vorherigen Frage vorkommt. Im deutschen Sprachgebrauch als Josua-Palmlilie bezeichnet, wurde der gesuchte englische Begriff auch schon zum Namensgeber eines U2-Albums sowie eines Filmes mit Dolph Lundgren in der Hauptrolle. (*Name der Pflanze*)

Keine Wildpferde, sondern wild lebende Nachkommen aus Europa eingeführter Pferderassen sind die jetzt gesuchten Tiere. Der zu ratende Begriff ist als gleichnamige Modellreihe eines der größten PKW-Hersteller besonders durch den Film „Bullitt" legendär geworden. (*Bezeichnung für die Pferde*)

Von 1856 bis zum Ende des Bürgerkrieges wurden, besonders von der Armee, Tiere als Lastenträger benutzt, die eigentlich auf anderen Kontinenten beheimatet sind. Trotz anfänglicher Erfolge vor allem in Wüstengebieten wurde die nach den Tieren benannte Spezialeinheit der US Army 1864 aufgelöst. (*Name der Tiere*)

Santa Claus wird genau sie vor seinen Schlitten spannen: Die nur in Nordamerika vorkommende Rentier-Art, deren Name ein wenig an Gummibärchen erinnert. (*Name der Rentier-Art*)

Alle 27 Arten des gesuchten Tieres existieren ausschließlich auf den amerikanischen Kontinenten, die meisten davon in Mexiko. Auch als Stiefel-Material begehrt, legendär als Name eines Endzeit-Thrillers mit Kurt Russell in der Titelrolle. (*Name des Tieres*)

Die Everglades sind zu einem großen Teil Nationalpark-Gebiet, also geschützt. Dort auch vorkommende Tierarten sind Alligatoren, Flamingos, Schwarzbären und Kormorane. In welchem US-Bundesstaat, der auch „The Sunshine State" genannt wird, liegen die oft sumpfigen Gebiete? (*Name des Bundesstaates*)

Fast ausschließlich innerhalb des Gebietes des heutigen „Sunshine State" lag auch das Siedlungsgebiet eines Volkes der Ureinwohner, das in mehreren nach ihm benannten Kriegen letztlich der US-Armee unterlag. Einige Stammesangehörige, die sich in die Everglades flüchten konnten und dadurch nicht zur Umsiedlung gezwungen wurden, behaupten von sich, der einzige unbesiegte Stamm in Nordamerika zu sein. (*Name des Stammes*)

Der wohl berühmteste Häuptling dieses Volksstammes leistete im zweiten dieser Kriege zusammen mit Micanopy den Soldaten Widerstand. 1971 trug ein DEFA-Film seinen Namen im Titel. (*Name des Häuptlings*)

DAS Gericht der Tex-Mex-Küche schlechthin besteht im Normalfall aus Hackfleisch (meist Rind oder Schwein), einer namengebenden Paprika-Art sowie weiteren Zutaten und Gewürzen, zu denen fast immer Bohnen, Mais, Oregano und Kreuzkümmel gehören. (*Name des Gerichtes*)

Das nun gesuchte Tier ist das am weitesten verbreitete Säugetier der amerikanischen Kontinente. Biologisch als Kleinkatze geführt, ist es dennoch eine der größten Katzen der Welt. Bekannt ist es auch unter den Bezeichnungen Silber- oder Berglöwe. (*Name des Säugetieres*)

Im Hintergrund heult ein Kojote, alle Beteiligten schauen verstohlen zur Seite, dann rollt eine Pflanze durchs Bild. Symbol völliger Verlegenheit, oft zitiert z.B. bei den Simpsons. Die im Deutschen als Bodenläufer, Bodenroller, Steppenläufer oder Steppenroller bekannten Pflanzen heißen schlampig übersetzt „Purzelndes Unkraut". (*Englischer Name der Pflanze*)

1850 wurde ein schottischer Detektiv Gründer und Namensgeber der ersten US-amerikanischen Detektei; dadurch entstand nicht nur der ideelle Großvater von Phillip Marlowe und Sam Spade, sondern auch ein spannungssteigerndes Mittel in Literatur und Film, das seither kaum zu toppen ist: Die Ankündigung, ein Agent der gesuchten Detektei sei auf der Spur der Protagonisten, verändert spätestens seit Ende der 60er Jahre des 20. Jahrhunderts die Situation der Helden und manchmal auch Heldinnen von locker-leichtlebig zu absolut lebensgefährlich und endet dann meist mit dem Tod mehrerer Personen. Wie hießen der Schotte und seine Detektei, die strukturell auch als Vorläufer des späteren FBI bezeichnet wurde? (*Name der Detektei*)

Zwei Jahre später wurde ein Unternehmen gegründet, ohne das der Wilde Westen, wie wir ihn kennen, undenkbar wäre. Speziell die Postkutschen der nach den Firmengründern benannten Gesellschaft prägen das städtische und ländliche Bild in Film und Comic. (*Name des Unternehmens*)

Und welche Firma, die heutzutage als Synonym für die Kreditkarte gilt, wurde schon 1850 von den beiden mitbegründet? (*Name der Firma*)

Fälschlicher Weise meist mit zwei „r" geschrieben, wurde die unter dem Namen des Erfinders bekannte Taschenpistole im Western gleichbedeutend mit einer nicht-männlichen Waffe, verwendet von Frauen, Feiglingen oder Spielern. (*Name der Taschenpistole*)

Im Alter von 24 Jahren wurde Joaquin Murieta, der als mexikanischer Robin Hood bekannt wurde, vermutlich von Captain Harry Love und seinem Trupp von California Rangers getötet. In den Jahren darauf begannen sich zahllose Mythen und Verschwörungstheorien um Murietas Ende zu ranken. Auch eine 1919 erfundene Romanfigur, die später in Film und Fernsehen berühmt wurde, orientierte sich teils an seinem Vorbild. Der Name der gesuchten Gestalt mit Maske und Peitsche bedeutet auf Deutsch „Fuchs". (*Name der Romanfigur*)

Einer der berühmtesten Märsche überhaupt lässt den Namen des Gesuchten schon in der ersten Textzeile hören – das Stück mit dem Refrain "Glory ~~Glory~~ Glory Hallelujah" gilt als Hymne der Gegner der Sklavenhaltung (und wurde mit neuem Text als "Battle Hymn Of The Republic" einer der bis heute populärsten patriotischen Songs der USA). Der Gesuchte wurde als Anhänger des Abolitionismus bekannt. Nachdem er und seine Söhne damit begannen, Gewalt als Mittel zur Durchsetzung ihrer Interessen einzusetzen, war dadurch auch ihr Ende eingeleitet worden. Bei Harpers Ferry starben mehrere seiner Söhne und Anhänger beim Versuch, ein Waffenlager zu überfallen. Er selbst wurde nach einem Aufsehen erregenden Prozess zum Tode verurteilt und noch im selben Jahr gehängt. Dennoch führten seine Aktionen zu einer öffentlichen Diksussion und waren einer der Gründe für den wenig später ausbrechenden amerikanischen Bürgerkrieg. (*Name des Gegners der Sklaverei*)

Ein bedeutender französischer Schriftsteller versuchte, die Begnadigung des Sklavereigegners aus der vorigen Frage zu erwirken. Sein offener Brief, in dem er prophetisch vor einem Bürgerkrieg in den USA warnte, hatte jedoch keinen Erfolg. Die bekanntesten Werke des zu Erratenden sind wohl "Der Glöckner von Notre Dame" und "Die Elenden". (*Name des Schriftstellers*)

Für lediglich ein gutes Jahr die schnellste Postverbindung im Wilden Westen, dennoch zur Legende geworden (Vermutlich liegt es an der Erfolgsbilanz: nur eine Sendung ging verloren!) : Die Postsendungen wurden per Pferd in wenigen Tagen bis zu 3000 Kilometer weit transportiert. (*Name des Postdienstes*)

Unverzichtbarer Bestandteil der Eroberung des Westens war eine entsprechende Bewaffnung. Ein real niemals existierendes, aber auf der tatsächlichen Henry Rifle aufbauendes Gewehr wurde zu einer der legendären Waffen Old Shatterhands. (*Name eines von Old Shatterhands Gewehren*)

Da darf dann nicht die Frage nach, nein, nicht dem Bärentöter, sondern der Flinte von Old Shatterhands indianischem Blutsbruder fehlen, deren Bezeichnung eher an eine Sammelbox für gewisse Edelmetalle erinnert. (*Name des Gewehres von Old Shatterhands Blutsbruder*)

Der Vorläufer der echten Henry Rifle wurde mitentwickelt von zwei Männern, die unter ihren gemeinsamen Namen das bis heute größte amerikanische Unternnehmen zur Herstellung von Handfeuerwaffen gründeten. (*Name des Unternehmens*)

Der Nachfolger der Henry Rifle wurde zum Inbegriff des Repetiergewehres überhaupt. Insbesondere das Modell 73 wurde zum Titelgeber eines der besten Westernfilme. Vor kurzem spielte Helen Mirren in einem Horrorfilm gleichen Namens die Witwe und Erbin eines Angehörigen der Unternehmer-Dynastie. (*Name des Gewehres*)

Der in der vorherigen Frage erwähnte Westernklassiker erzählt die Odyssee eines legendären Gewehrs, das die Hauptfigur Lin McAdam (James Stewart) bei einem Schieß-Wettbewerb in Dodge City gewinnt. Bemerkenswert sind auch zwei frühe Leinwandauftritte späterer Filmstars: Der eine wurde besonders populär als mehrfacher Filmpartner Doris Days und war eines der frühesten prominenten AIDS-Opfer, der zweite wurde hierzulande bekannt als Partner Roger Moores in der TV-Serie "Die Zwei". Ein Name genügt für einen Punkt. (*Name eines der späteren Stars*)

Im Jahr 1861 ging ein Revolver in Serienproduktion, dessen Typ-Bezeichnung "1861 Army" lautete; später wurde er "Old Model" genannt, denn zwei Jahre später produzierte die zu erratende Firma das "New Model Army", das zu einer der meist verkauften und beliebtesten Handfeuerwaffen im Westen wurde. Der Firmenname wurde in den 1980ern bekannt als Vorname eines doppelt imaginären TV-Detektivs. (*Name der Firma*)

28

Nicht der, sondern die "New Model Army": Eine Armee während des englischen Bürgerkrieges, nach der sich auch Justin Sullivans Band benannte, wurde zeitweilig geführt vom Lordprotektor der Republik. (*Name des Lordprotektors*)

Und noch einmal Waffen: Gesucht wird jetzt nach dem Namen des ersten erfolgreich produzierten Schnellfeuer-Repetiergeschützes. Seine sechs Läufe gaben bis zu 200 Schuss pro Minute ab. Bis kurz vor dem ersten Weltkrieg wurde das Geschütz von vielen Staaten und damit in Kriegen fast überall auf der Welt benutzt. Die Lösung ist auch der Nachname des Erfinders der Waffe. (*Name des Erfinders*)

Vom 12. Bis zum 13. April 1861 dauerte der Angriff konföderierter Soldaten auf das von Unionstruppen gehaltene Fort Sumter in South Carolina, was als offizieller Beginn des vier Jahre währenden amerikanischen Bürgerkrieges gilt. Auf dem Gebiet welcher Stadt lag Fort Sumter (ein in den 1920ern populärer Tanz wurde nach dieser Stadt benannt)? (*Name der Stadt*)

Ein heute wesentlich berühmteres Fort wurde während des Bürgerkrieges 1862 in Kentucky erbaut. Bekannt ist es vor allem als Lager der Goldreserven des Schatzamtes der Vereinigten Staaten und somit eines der größten Goldvorkommen der Welt. Benannt wurde das gesuchte Fort nicht nach einer Figur aus „Fix und Foxi". (*Name des Forts*)

Besagte Goldreserven stehen auch im Mittelpunkt des vielleicht berühmtesten Abenteuers des britischen Geheimagenten James Bond. Der deutsche Schauspieler Gert Fröbe wurde in der Titelrolle zum Weltstar. (*Titel des Films*)

Das vielleicht bekannteste Fort in Bezug auf unsere Thematik wurde 1834 in Wyoming gegründet und diente ursprünglich als Station für den Pelzhandel. Benannte wurde es nach dem französischen Trapper Jacques La Ramee. (*Name des Forts*)

Mehr noch als die bisher schon erfragten Waffentypen und Hersteller ist der nun Gesuchte als Patentinhaber des ersten funktionierenden Revolvers von 1836 mit seinem Namen bzw. dem seiner Firma zum Synonym für Trommelrevolver und somit auch für die Bewaffnung der Cowboys, Marshals und Outlaws schlechthin geworden. (*Name des Firmengründers*)

Ob sie sich für besonders gefährliche Schützen hielten, ist uns nicht überliefert, aber ihren Namen liehen sie sich von den von ihnen getragenen Gurten mit zwei Revolverholstern aus. (*Bezeichnung für den Revolvergurt bzw. den Träger des Gurtes*)

Vom 1. bis zum 3. Juli 1863 fand bei einer Stadt im nördlichen Pennsylvania eine der blutigsten Schlachten des Bürgerkrieges statt, gleichzeitig einer der Wendepunkte im Kriegsverlauf. Über kein Gefecht des Sezessionskrieges wurde mehr geschrieben, die namengebende Kleinstadt wurde zu einem ähnlichen Schlagwort, um die Gräuel des Bürgerkrieges zu beschreiben, wie in Deutschland „Verdun" oder „Stalingrad" für enorm verlustreiche Kampfhandlungen im ersten und zweiten Weltkrieg benutzt werden. (*Name der Stadt*)

Am 17. Februar 1864 gab es ein kriegsgeschichtliches Novum: Zum ersten Male wurde während eines Krieges im Gefecht eine schon seit den Zeiten der Antike immer wieder erprobte Gerätschaft erfolgreich eingesetzt, in diesem Falle, um eine Blockade vor schon erwähntem Fort Sumter zu zerstören. Was war die "Hunley"? Gelb war sie sicher nicht. (*Bezeichnung des Kriegsgerätes*)

Gesucht sind nun die Namen dreier Männer, die allesamt zumindest zeitweilig Oberbefehlshaber der Nord- oder Südstaatenarmeen während des Krieges waren. Der erste blieb auch nach dem Ende des Sezessionskrieges vor allem in den Südstaaten, aber nicht nur dort, bis heute Gegenstand heldenhafter Verehrung; er teilt sich den Nachnamen mit der Autorin von "Wer die Nachtigall stört". Der zweite war wegen seiner Kriegsführung umstritten, hatte dennoch militärisch großen Anteil am Sieg der Nordstaaten; im Zweiten Weltkrieg wurde ein Panzer nach ihm benannt. Nummer drei wurde später der 18. Präsident der USA; sein Vorname ist sagenhaft. Zwei der Namen genügen für den Punkt. (*Zwei der drei Befehlshaber*)

Die Gesuchten eins und drei

Kurz vor Ende des Krieges, am 14. April 1865, wurde der amtierende Präsident der (Nord)staaten während eines Theaterbesuches von einem fanatischen Südstaaten-Anhänger durch einen Kopfschuss getötet. Der Gesuchte war der erste Republikaner in seinem Amt, ebenso der erste, der durch ein Attentat zu Tode kam. Der überzeugte Gegner der Sklaverei gilt bis heute als einer der überzeugendsten US-Präsidenten und wurde später am Mount Rushmore als Steinskulptur verewigt. (*Name des Präsidenten*)

Die Kapitulation der Südstaaten erfolgte übrigens am 26. April. Der Attentäter hieß John Wilkes Booth. Ein fiktiver Nachfahre dieses Mörders wurde von David Boreanaz als Seeley Booth in einer Krimi-Serie dargestellt. Titelgebend war der Spitzname der Hauptperson Temperance Brennan (Emily Deschanel), der auch einen Hinweis auf ihr Aufgabengebiet als forensische Anthropologin liefert. (*Titel der TV-Serie*)

Wenige Monate nach Ende des Krieges erlag ein Mann den Verletzungen, die er sich bei einem Gefecht mit Einheiten der Nordstaaten zugezogen hatte. Dieser Mann, der auf Grund seiner Verbrechen auch als "The Bloodiest Man In American History" bezeichnet wurde, führte ursprünglich eine Guerilla-Truppe gegen die Abolitionisten; später wurden seine "Raiders" als offizielle Hilfstruppen der Südstaaten übernommen. Im Kriegsverlauf wurden seine Verbrechen gegen und Überfälle auf Unionstruppen und deren (vermeintliche) Unterstützer zahlreicher und gipfelten im Massaker von Lawrence, Kansas, bei dem gut 200 Zivilisten getötet wurden. Wie lautet der Name des, je nach politischer Ausrichtung, kontrovers beurteilten Partisanenführers, zu dessen Bande zeitweilig auch die James-Brüder, Cole Younger sowie der (fiktive) Rooster Cogburn gehörten? (*Name des Partisanenführers*)

Der soeben zu Erratende taucht auch in zwei Bänden einer berühmten Comic-Serie auf. Die Serie wurde ab 1963 im französischen „Pilote" und später auch im deutschen „Zack" veröffentlicht; zu Beginn noch Offizier der US-Army in den Indianerkriegen, erlebt der Held später auch als Marshal und Schatzsucher seine Abenteuer. Wie lautet der insofern etwas irreführende Titel, unter dem der Comic-Klassiker in Deutschland bekannt ist? (*Titel der Comic-Serie*)

Das Aussehen des gerade erfragten Comic-Protagonisten war zu Beginn der Reihe einem berühmten französischen Filmschauspieler nachempfunden, der mit „Außer Atem" und „Der Panther wird gehetzt" zuerst zum Aushängeschild der Nouvelle Vague und später zu einem europäischen Top-Star wurde. (*Name des Schauspielers*)

Und wieder fragen wir nach einer Firma bzw. deren Gründer, deren Name zum Synonym für ein Stück Western-Geschichte wurde, in diesem Falle ein Kleidungsstück. Obwohl Cowboys in der Realität meist Sombreros trugen, die billiger und praktischer waren, wurden vor allem durch Westernfilme die seit 1865 hergestellten Hüte in der Publikumswahrnehmung zu DER Kopfbedeckung des Westmannes. (*Name des Firmengründers*)

Nach Ende des Bürgerkrieges entstand, als Reaktion auf die endgültige (offizielle) Abschaffung der Sklaverei sowie die wirtschaftlichen und politischen Benachteiligungen aufgrund der Kriegsniederlage, ein Geheimbund, der vor allem in den Südstaaten aktiv war. Diese hierarchisch organisierte, rassistische und extrem gewalttätige Vereinigung, die bis heute existiert, kannte als Ziel vor allem die Unterdrückung der Schwarzen, aber auch Antisemitismus und Antikatholizismus gehören ins Programm. Es ist leider anzunehmen, dass die bis zu vier Millionen Mitglieder der Organisation nicht hauptsächlich wegen der stylischen weißen Kapuzen in den Bund der Ewig-Vorgestrigen eingetreten sind. Wie lautet der volle alliterierende Name der gesuchten Gruppierung? (*Name des Geheimbundes*)

Die Rockgruppe "The Band" befasste sich in ihrem berühmten Song "The Night They Drove Old Dixie Down" mit den Folgen des Sezessionskrieges für die unterlegenen Südstaaten, ohne politisch Stellung zu nehmen. Juliane Werdings Cover-Version "Am Tag, als Conny Kramer starb" behandelte hingegen ein völlig anderes Thema. (*Thema der Cover-Version*)

Welchen Nobelpreisträger begleitete übrigens "The Band" viele Jahre auf Konzerten und bei Plattenaufnahmen? (*Name des Nobelpreisträgers*)

Ursprünglich nur als Bezeichnung für das 10. Kavallerie-Regiment der US-Army angewendet (gegründet am 21. September 1866 in Fort Leavenworth), wurde der gesuchte Begriff bald zur Bezeichnung für alle afro-amerikanischen Armee-Einheiten. Diese Bezeichnung wurde von Indianer-Stämmen geprägt, die die Haarpracht der Soldaten mit dem Fell eines Tieres verglichen. Verewigt wurde der Spitzname der schwarzen Soldaten durch einen Song von Bob Marley. (*Bezeichnung für afro-amerikanische Armee-Einheiten*)

Am 10. Mai 1869 fand ein Ereignis statt, das besonders im wirtschaftlichen Bereich von großer Bedeutung für die Entwicklung der USA war: Am Promontory Summit in Utah trafen sich die Linien der beiden großen Eisenbahngesellschaften des Westens, um durch diesen Zusammenschluss eine über 3000 Kilometer lange Strecke vom Missouri River bis nach Kalifornien zu ermöglichen. Wie hießen die beiden Gesellschaften (eine genügt für den Punkt)? (*Name einer Eisenbahngesellschaft*)

Das legendäre Filmjahr 1939 brachte neben Klassikern wie „Vom Winde verweht" oder „Der Zauberer von Oz" auch einige bemerkenswerte Western heraus. Eine der teuersten Produktionen des Jahres behandelte in genregemäßer Form die Ereignisse der vorherigen Frage. Der unterhaltsame Streifen mit dem albernen deutschen Verleihtitel „Die Frau gehört mir" wurde von Starregisseur Cecil B. DeMille inszeniert. In einer Nebenrolle war dessen Schwiegersohn zu sehen, ein Mexikaner irischer Abstammung, der vor allem in der Titelrolle des „Alexis Sorbas" unvergesslich bleibt. (*Name des Schauspielers*)

Die später "Pacific Railroad" oder "First Transcontinental Railroad" genannte Strecke war eine der wichtigsten auch und gerade für Viehtransporte. In den Jahren nach der Zusammenführung der Strecken wurden entlang der Eisenbahnlinien zahlreiche Städte gegründet oder bekamen nach der Errichtung von Vieh-Verlade-Bahnhöfen erheblichen Zulauf an Einwohnern. Die bekanntesten damaligen "Cattle Towns" lagen in Kansas. Neben Abilene und Wichita war es vor allem die gesuchte Stadt, benannt nach einem ehemaligen Unionsoffizier, die auch durch die zeitweilige Anwesenheit der Earps Furore machte. Ein berühmter Film mit Errol Flynn in der Hauptrolle trägt ihren Namen, ebenso war sie die filmische Heimat von Marshal Matt Dillon in der am längsten laufenden TV-Western-Serie. (*Name der Stadt*)

Neben Vieh transportierten die Eisenbahnen natürlich auch Reisende über lange Strecken. Daraus resultierte das Bedürfnis besonders der wohlhabenderen Zuggäste nach komfortablen Sitz- und Schlafmöglichkeiten. Wie nennt man vor allem die luxuriösen Salon- und Schlafwagen, die nach dem Gründer der Herstellerfirma benannt wurden? Ein populärer Schauspieler, dessen erfolgreichster Film "Während Du schliefst" sein dürfte, trägt den gleichen Nachnamen. (*Name des Firmengründers*)

Um zu den Verladebahnhöfen zu gelangen, mussten die Viehherden erst auf den Weiden zusammen getrieben werden. Dieser Vorgang trägt im Englischen den gleichen Namen wie ein in Deutschland hergestelltes Pestizid, das auch in privaten Gärten Anwendung findet. (*Bezeichnung für das Zusammentreiben des Viehs*)

Ein Hingucker in vielen Western: Auf Weide, Prärie oder auch in der Stadt gerät, durch Vorsatz, Naturgewalten oder schlechtes Karma, die (Rinder)herde in Panik und trampelt unkontrolliert alles nieder, was ihr in den Weg gerät. Wie sagt der Cowboy? (*Begriff für eine panische Viehherde*)

Exemplarisch zu sehen im 1948 entstandenen Western-Klassiker von Howard Hawks, der die Geschichte eines Viehtreibens und einer komplizierten Vater-Sohn-Beziehung erzählt. Der Originaltitel des Streifens mit dem deutschen Titel "Panik am roten Fluß" lautet? (*Titel des Films*)

Howard Hawks

39

Ein anderer Klassiker ohne panische Rinder, dafür aber mit ebenfalls eher realistischer und nicht allzu glorifizierender Darstellung des Lebens der Viehtreiber ist "Cowboy" (1958). Glenn Ford ist dabei Führer eines Trecks und Mentor eines Hotelangestellten bei dessen erstem Job als Kuhjunge. Der Darsteller gilt eigentlich, besonders mit seinem Dauer-Filmpartner Walter Matthau, als großer Komödiant, der aber auch in ernsten Rollen glänzen kann wie hier. (*Name des Darstellers*)

Auch eine der am längsten laufenden TV-Serien im Western-Genre, "Rawhide" (Tausend Meilen Staub) beschäftigt sich vorwiegend mit den Abenteuern einer Handvoll Cowboys auf und abseits der Weide. Durch die Serie wurde ein Mann zum Star, der als Rowdy Yates nur eine Nebenrolle spielte, aber inzwischen zu den wichtigsten Filmemachern Hollywoods gehört. (*Name des Schauspielers*)

Apropos Cowboy: Welche dänische Schlagersängerin schmetterte 1963 „Ich will ´nen Cowboy als Mann"? (*Name der Sängerin*)

Was macht der Cowboy in seiner Freizeit? Ursprünglich aus Lateinamerika stammend, ist es inzwischen eine Art Sport geworden. Bei großen, publikumswirksamen Veranstaltungen messen sich meist Männer, selten Frauen, in verschiedenen Disziplinen wie Kälberfangen oder Bullenreiten. Allein in den USA werden jährlich über 700 dieser Veranstaltungen durchgeführt. (*Bezeichnung für die Veranstaltungen*)

Literarisch kann er durchaus als dessen Vorbild gelten, aber im Gegensatz zu Karl May schrieb der nun Gesuchte seine Abenteuerromane, nachdem er die USA bereist hatte. Seine bekanntesten Werke sind „Die Regulatoren in Arkansas" und „Die Flusspiraten des Mississippi". Wie heißt der in Hamburg geborene Schriftsteller, dem Bill Clinton als Gouverneur von Arkansas einen Gedenktag widmete? (*Name des Schriftstellers*)

Im selben Jahr wie der gerade gesuchte Autor verstarb ein Mann, dessen Wirken bis heute einzigartig ist. Er war Völkerkundler und Maler und besuchte in den 20er und 30er Jahren des 19. Jahrhunderts zahlreiche indianische Stämme, deren Angehörige und Lebensweise er porträtierte, wobei er klar Stellung zugunsten ihrer ursprünglichen Lebensart bezog. Hunderte von Bildern und Zeichnungen präsentierte er mit großem Erfolg auf Ausstellungen in amerikanischen und europäischen Metropolen, wobei später auch authentische indianische Rituale, sogar von echten Stammesangehörigen, vorgeführt wurden. (*Name des Künstlers*)

Eine der bevorzugten Behausungen nordamerikanischer Ureinwohner war ein einfacher Zeltbau, Tipi genannt. Eine verwandte Konstruktion aus Holzgestellen, oft mit Tierhäuten behängt, ist nun zu erraten. (*Name der Behausung*)

Eine Ikone der deutschen Schlager- und Volksmusik brachte 1975 in einem seiner Songs diesen Baustil den Bundesbürgern näher. Wie heißt der Blonde mit der dunklen Brille, der bis heute beliebter Gegenstand für Parodien und Kontroversen ist? (*Name des Sängers*)

Das nun gesuchte Tier war für die nordamerikanischen Indianer in vielerlei Hinsicht überlebenswichtig. Nicht nur als Hauptnahrungsquelle für frisches und getrocknetes Fleisch, sondern auch als Rohstoffquelle für Kleidung, Behausung und zahllose Alltagsgegenstände. So war die gezielte Ausrottung dieser Tierart auch ein indirekter Angriff der weißen Siedler auf die indigene Bevölkerung. Wie heißt der amerikanische Verwandte des Wisents? (*Name des Tieres*)

Ein künstlerischer und kommerzieller Überraschungserfolg wurde 1990 ein Western in epischer Länge, bei dem Kevin Costner Produzent, Regisseur und Hauptdarsteller in einer Person war. Wie hieß das Werk, in dem auch die gerade angesprochenen Tiere eine große Rolle spielten? (*Titel des Films*)

Ein Teil der im Film gezeigten Tiere stammte aus dem Privatbesitz eines kanadischen Rockmusikers, der seit über 50 Jahren erfolgreich auf der Bühne steht. Der „Godfather of Grunge" war unter eigenem Namen erfolgreich, ebenso wie mit den Bands Buffalo Springfield, Crazy Horse oder auch Crosby, Stills, Nash & … ? (*Name des Musikers*)

„Der weiße Hai" im Wilden Westen, in etwa das war „Der weiße Büffel" (1977), in dem Wild Bill Hickok und Crazy Horse zusammen ein Monstrum von Tier jagen und letztendlich zur Strecke bringen. Der Revolverheld wurde dargestellt von einem amerikanischen Schauspieler, der in einigen legendären Western mitspielte, inzwischen aber wohl vor allem als der Mann, der rot sieht (in den fünf gleichnamigen Filmen, im Original „Death Wish") bekannt sein dürfte. Der Künstlername des als Charles Buchinsky Geborenen ist gesucht. (*Name des Schauspielers*)

Er war auch der Hauptdarsteller in „Das Gesetz bin ich" (1974). Die Vorlage zum Drehbuch stammte von einem Schriftsteller, der zu Beginn seiner Karriere erfolgreicher Autor von Western war, danach aber ins Fach des Kriminalromans wechselte und später auch die Stoffe für „Schnappt Shorty" und „Jackie Brown" lieferte. (*Name des Schriftstellers*)

Vielleicht hatten die beiden Büffeljäger Hilfe von höherer Stelle; eine von vielen nordamerikanischen Stämmen als Große Kraft bezeichnete Wesenheit, die eine unserem Verständnis von Gott ähnliche Bedeutung gehabt haben könnte, käme dafür in Frage. Der gebräuchlichste Name dieser Kraft lautet … (*Bezeichnung für die Große Kraft*)

Eine Zeremonie vieler Stämme, die nicht etwa religiöse Intentionen hat, sondern der Selbsterfahrung der teilnehmenden Krieger dient, ist jetzt zu erraten. Durch tagelange Enthaltsamkeit und extreme Selbstkasteiung (Piercing) versuchten die Stammesangehörigen einen Trancezustand zu erreichen, um Visionen zu erhalten, die helfen sollten, Sinnfragen des Lebens zu lösen. Der Kinofilm „Ein Mann, den sie Pferd nannten" (1970) rückte das Ritual ins Bewusstsein einer breiteren Öffentlichkeit. (*Name der Zeremonie*)

Nicht zu verwechseln mit den bei wenigen Stämmen vorhandenen Marterpfählen sind die aus einem Baumstamm geschnitzten Skulpturen ohne religiösen Hintergrund, die oft die Geschichte einer Sippe oder Familie erzählen und so eher mit unseren Familienstammbüchern zu vergleichen sind. Wie nennt man die Bildnisse, die meist mit symbolischen Tiergestalten verziert sind? (*Bezeichnung der Skulpturen*)

Vom Fruchtbarkeitssymbol zur Jagdtrophäe: Das Abtrennen der sogenannten Kopfschwarte wurde von den Ureinwohnern ebenso praktiziert wie von europäischen Kolonisten; später wurden speziell für Haut und Haar indianischer Stammesangehöriger Prämien ausgesetzt, was zur vieltausendfachen Tötung nicht nur von Kriegern, sondern auch von Frauen und Kindern aus reiner Habgier führte. (*Gebräuchlicher Begriff für Kopfschwarte*)

Ein wichtiger ritueller Gegenstand ist das Kalumet, gestopft nicht mit Tabak, sondern mit Kräutermischungen, geraucht gerne nach gelungenen Vertragsabschlüssen und geschlichteten Streitigkeiten, daher im Deutschen durchaus zutreffend bezeichnet als … (*Deutscher Begriff für Kalumet*)

Im Gegensatz dazu steht ein Gegenstand, der europäischen Streitäxten ähnelt und zumeist als Waffe, aber ebenso als Werkzeug oder auch mit Pfeifenkopf als Rauchutensil hergestellt wurde, aber absolut nichts mit Falken zu tun hat. (*Name des Gegenstandes*)

Die kulturellen Überbleibsel der fast gänzlich ausgerotteten Indianerstämme hinterlassen, zumindest literarisch, böse Andenken. In einem der erfolgreichsten Horror-Romane des schon erwähnten Stephen King kehren Lebewesen, die auf einem alten Indianerfriedhof begraben werden, als untote, bösärtige Killer zurück, scheinbar von einem Geist indianischer Mythen besessen. Wie lautet der Titel des Romans (für die erste Verfilmung schrieben die Ramones ein gleichnamiges Stück)? (*Titel des Romans*)

Nun wüsste ich gerne noch den Namen des Geistes, der von Menschen Besitz ergreift und in seinem Aussehen dann als zwischen Werwolf und Zombie beschrieben wird. Einige amerikanische TV-Serien wie "Charmed", "Supernatural" oder "Sleepy Hollow" haben den Mythos verarbeitet. (*Name des Geistwesens*)

Die Rückbesinnung auf die Kultur der amerikanischen Ureinwohner sorgte im wirklichen Leben für positive Ergebnisse: Die Entwicklung eines Nachrichten-Codes auf Basis einer nur mündlich existierenden Sprache verhinderte während des Zweiten Weltkrieges die Entschlüsselung geheimer Nachrichten durch Deutsche und Japaner. Die Sprache welchen Volkes, das oft den Apachen zugerechnet wird, diente als Grundlage der Verschlüsselung? (*Name des Volkes*)

Apropos Apachen: Einer der bedeutendsten Häuptlinge der Chiricahua-Apachen, dessen Name auf deutsch "Eiche" bedeutet, starb 1874 eines natürlichen Todes, hoch angesehen bei Roten und Weißen. Er ist einer der wenigen Indianer, nach denen persönlich ein US-County benannt wurde. Bekannt wurde auch seine Freundschaft zum Scout und Postreiter Tom Jeffords. (*Name des Apachen*)

Diese Freundschaft und damit auch ein beginnendes neues Verständnis vom Bild der amerikanischen Ureinwohner thematisierte "Der gebrochene Pfeil" (1950). Den Tom Jeffords stellte ein Schauspieler dar, der bis heute zu den beliebtesten Akteuren aller Zeiten gehört; das All-American-Boy-Image seiner meisten Leinwandauftritte wurde von Anthony Mann in zahlreichen Western und vor allem von Alfred Hitchcock in vier klassischen Thrillern konterkariert. (*Name des Schauspielers*)

Nicht als großer Freund der Indianer war ein Soldat bekannt, der auf Seiten der Union im Bürgerkrieg gekämpft hatte und später Berühmtheit in den Indianerkriegen erlangte. Der Mann, dem oft unterschiedlich hohe Offiziersränge zugeschrieben werden, galt, auch wegen seiner langen Haare, als undiszipliniert und stand mehrfach kurz vor dem Ausschluss aus der Armee. Er starb am 25. Juni 1876 in einer Schlacht gegen eine Streitmacht von Sioux, Cheyennes und Arapahos, bei der das 7. Kavallerie-Regiment zu großen Teilen vernichtet wurde; die Niederlage war wohl vor allem seinen taktischen Fehlern geschuldet. (*Name des Soldaten*)

Diese Schlacht, das wohl berühmteste Gefecht zwischen Soldaten und Ureinwohnern und eines der wenigen großen, die siegreich für die Indianer endeten, fand im heutigen Montana statt, am Nebenarm eines Flusses, der dann auch Namensgeber für das Ereignis wurde (der Nebenarm). (*Name des Fluss-Nebenarms*)

Die zwei bekanntesten Anführer der indianischen Krieger stammten beide aus verschiedenen Stämmen der Sioux; der Name des einen ist auch bekannt als freizügiges Varieté-Theater in Paris, er wurde im darauffolgenden Jahr in Gefangenschaft ermordet; der zweite trat eine Zeit lang in einer berühmten Wildwest-Show auf, auch er wurde später bei einer versuchten Festnahme ermordet. (*Namen der beiden Krieger*)

Diese Wildwest-Show – bis heute wohl die berühmteste ihrer Art – machte auch in Deutschland Station, allerdings ohne den Häuptling aus der vorherigen Frage. Gründer und Namensgeber der Show war William Frederick Cody, der unter dem nun zu erratenden Spitznamen vielleicht die bekannteste reale Gestalt des Wilden Westens wurde, wobei seine tatsächlichen Erlebnisse allerdings durch Theaterstücke und Groschenhefte, später durch Film und Comics, ins weit Überlebensgroße aufgetürmt wurden. (*Spitzname William Frederick Codys*)

Kleiner Exkurs: In welchem Roman von Thomas Harris jagt FBI-Agentin Clarice Starling mit der Unterstützung Hannibal Lecters einen gleichnamigen Serienkiller? (*Titel des Romans*)

Schwer beeindruckt von besagtem Westmann, den er als Kind sogar persönlich kennen lernte, war auch Erich Rudolf Otto Rosenthal, der später Deutschlands bekanntester „Cowboy" werden sollte. Nach einer Jugend als Seemann und Abenteurer wurde er bekannt als Westernreiter, Kunstschütze und Dompteur in Varietés oder Zirkusmanegen. Besondere Popularität erlangte auch er als Held von Hunderten von Leihbüchern und Heftromanen, die alle seinen Künstlernamen trugen. (*Künstlername Erich Rosenthals*)

Erfolgreicher Autor von Leihbüchern war auch der Münchner Konrad Kölbl. Unter welchem Pseudonym schrieb und erlebte er Dutzende von Wildwestabenteuern? (*Autorenname Konrad Kölbls*)

Am 2. August 1876 wurde ein legendärer Revolvermann in Deadwood hinterrücks während einer Pokerpartie erschossen, nach einem wild bewegten Leben als Armee-Scout und US-Marshal. Als Jack McCall ihm in den Kopf schoss, hielt der Mann angeblich zwei schwarze Asse und zwei schwarze Achten in der Hand, ein Blatt, das seither einen entsprechenden Namen trägt. Wie heißen Mann und Pokerblatt? (*Name des Erschossenen/Bezeichnung für sein Pokerblatt*)

Er galt als einer der berüchtigtsten Revolverschützen zumindest in Texas und war mit mindestens 27 Getöteten sicher einer der gefährlichsten. Bob Dylan benannte ein Album und einen Song nach ihm (mit zusätzlichem „g"). Ebenso wie der Mann aus der vorherigen Frage, mit dem er übrigens gut bekannt war, wurde auch er, allerdings erst im Jahr 1895, hinterrücks erschossen. (*Name des Revolvermannes*)

Am 29. August 1877 verstarb Brigham Young in der von ihm gegründeten Stadt Salt Lake City. Er war Prophet und Präsident der Kirche Jesu Christi der Heiligen der Letzten Tage, deren meiste Angehörige er in das Gebiet des heutigen Utah führte, dessen erster Gouverneur er dann auch wurde. Unter welchem Namen sind die Kirchenmitglieder besser bekannt? (*Anderer Name der Religionsgemeinschaft*)

In den 70er und 80er Jahren kam die Zeit der Weidekriege. Neben den immer knapper werdenden Weideflächen gab es auch zahlreiche andere Gründe für kriegerische Auseinandersetzungen zwischen Ranchern, Farmern und Siedlern wie Wasserrechte oder unerwünschte Einwanderer aus Osteuropa (so im Film "Heaven's Gate", 1980). In "Mit stahlharter Faust" (1955) waren eine Erfindung zum Schutz von Ackerland, in "In Colorado ist der Teufel los" (1958) eine nicht gern gesehene Konkurrenz für die Rinder die Auslöser für Kampfhandlungen. (*Zwei Auslöser für Weidekriege*)

Der Schurke Johnny Bledsoe in letztgenanntem Streifen wurde von einem kanadischen Schauspieler dargestellt, der damals noch am Beginn seiner Karriere stand. Berühmt wurde er dann als Frank Drebin erst im TV und danach in drei Filmen, die ihn bis für den Rest seines Lebens zum Spezialisten für schräge Rollen in noch schrägeren Komödien machten, die er oft mit todernster Miene absolvierte. (*Name des Schauspielers*)

Der wohl bekannteste Weidekrieg wurde vor allem durch seine Protagonisten populär: Im Lincoln-County-War agierten John Chisum, John Tunstall und Henry McCarty alias William Bonney. Dieser wurde unter einem anderen Namen eine der berühmtesten Figuren des Westens überhaupt. (*Spitzname Henry McCartys*)

Dieser berüchtigte Revolvermann wurde in zahlreichen Filmen meist stark glorifiziert dargestellt, dazu noch von Schauspielern, die oft für die Rolle viel zu alt waren, wie z.B. Robert Taylor oder Paul Newman. In „Young Guns" (1988) und „Blaze Of Glory" (1990) war der Darsteller ein deutlich jüngerer Emilio Estevez, an der Seite seines Bruders Charlie Sheen. Wie heißt noch gleich ihr ebenfalls schauspielender Vater, der mit der Hauptrolle in „Apocalypse Now" seinen Durchbruch hatte? (*Name des Vaters*)

Im Gegensatz zur Realität und ebenso zur Darstellung in den meisten Filmen waren die Großrancher und -rancherinnen der meisten TV-Serien hart aber gerecht, tolle Eltern (sogar wenn alleinerziehend), Kämpfer für Recht und Gesetz, liberal im besten Sinne, tolerant gegenüber Minderheiten, echte Heldenfiguren eben. Allen voran Ben Cartwright, Vater dreier Söhne von drei Müttern, zu Hause auf einem Anwesen, dessen umliegender Besitz so groß ist wie mehrere deutsche Bundesländer zusammen. Wie heißt die Serie, der Begriff bezeichnet auch eine ergiebige Goldader, und wie der Landsitz der Cartwrights, nach einer Baumart benannt? (*Titel der Serie/Name der Ranch*)

Und wie heißen die drei Söhne (ein Name genügt für den Punkt)? (*Name eines der Cartwright-Söhne*)

Auch Big John Cannon und Richter Garth und dessen Nachfolger als Eigentümer seiner Ranch passen in besagtes Raster. Wie heißen die zwei Ranches oder auch die entsprechenden TV-Serien, in denen Buck Cannon, Manolito und Blue Boy bzw. Trampas und der Virginian ihre Abenteuer erleben? (*Namen der Ranches oder Titel der Serien*)

Der Virginian und Trampas waren schon 1902 die Hauptpersonen eines Romans, wobei Trampas den Tod des Bösewichts erleiden musste. Der Autor von „Der Virginier" gilt als einer der Begründer des Westerns als Literaturgenre. (*Name des Autors*)

Auf Victoria Barkley, Matriarchin in „(The) Big Valley", trifft die Beschreibung der Großrancher im TV ebenfalls zu. Dargestellt von einer der berüchtigtsten „Femme fatales" zur Zeit von Hollywoods Schwarzer Serie, nun am Ende ihrer Filmkarriere (danach trat sie nur noch in TV-Filmen oder -Serien auf), behütet sie in 112 Folgen das Anwesen ihrer Familie genauso wie eheliche und uneheliche Kinder. (*Name der Darstellerin*)

Zwei Männer stehen sich auf der Straßenmitte gegenüber und ziehen ihre Waffen, oft findet das Ganze zum Ende eines Romans oder Filmes statt. Wie lautet der englische "Fachbegriff" für diese Art des Duells? (*Andere Bezeichnung für Duell*)

Die bis heute wohl populärste Schießerei der gesamten Wildwest-Historie fand am 26. Oktober 1881 in Tombstone zwischen den Earps und den Clantons und jeweils weiterer Verbündeten statt. Benannt wurde das Ganze nach einem Mietstall. (*Name des Mietstalls*)

Der Mitstreiter der Earps war John "Doc" Holliday, professioneller Spieler und Revolvermann und schon längst kein praktizierender Arzt mehr. In welcher medizinischen Disziplin erhielt er seinen Doktortitel? (*Doktortitel*)

Die vielleicht beste Verfilmung der nachgefragten Ereignisse stammt aus dem Jahr 1957 und hat den Deutschen Verleihtitel "Zwei rechnen ab". Die zwei sind natürlich Wyatt Earp und Doc Holliday, gespielt von zwei Hollywood-Legenden (von denen eine 2016 ihren 100sten Geburtstag feierte!), die insgesamt sieben Filme miteinander drehten. (*Namen der Schauspieler*)

Zu dieser Zeit (1881) waren bis zu Beginn der Neunziger viele Banden und Gangs unterwegs, deren kriminelle Tätigkeiten vorwiegend, aber nicht ausschließlich, aus Bank- und Zugüberfällen bestanden. Berühmt-berüchtigt wurde der "Wild Bunch", der auch unter dem Namen seiner zwei Anführer bekannt wurde. Bill Doolin der eine, der zweite war der mittlere Bruder in einer Familie, deren Söhne unter ihrem eigenen Namen zusammen mit anderen Outlaws eine Gang gründeten. Der gesuchte Nachname ist sicherlich durch eine sehr beliebte Comic-Serie zu erschließen, in der die Brüder (in veränderter Form) ständige Widersacher des Helden sind. (*Nachname der Outlaw-Familie*)

Als Angehörige der Hole-In-The-Wall-Gang begründeten Butch Cassidy und Sundance Kid ihren eigenen "Wild Bunch", der bis ins Jahr 1901 aktiv war. Der Tod der beiden 1908 durch bolivianische Kavallerie ist auch der (nicht sichtbare) Schlusspunkt des Films "Zwei Banditen" (1969). Welche Stars waren in ihrem ersten gemeinsamen Film die Darsteller der Banditen? (*Namen der Schauspieler*)

Vor allem ihre Gang benutzte ein Versteck im südöstlichen Utah, das schwer zu finden, aber leicht zu verteidigen war. Der Name sagt alles. (*Name des Ortes*)

Im selben Jahr 1969 entstand ein weiterer berühmter Western, "The Wild Bunch", der mit den historischen Vorbildern allerdings nichts gemein hatte. Der zu erratende Regisseur, der besonders für gewalttätige und nihilistische Werke bekannt war, ließ die meisten seiner Altstars (William Holden, Ernest Borgnine, Robert Ryan, Edmond O´Brien, Ben Johnson) sowie fast eine ganze Garnison mexikanischer Soldaten im finalen Kugelgewitter umkommen. (*Name des Regisseurs*)

1973 täuscht Terence Hill in der Titelrolle den Tod des alternden Revolvermannes Jack Beauregard (Henry Fonda) vor, nachdem er ihm geholfen hatte, die 150 Mann des "Wild Bunch" (kein historischer Zusammenhang!) zu töten; dadurch wurde er jemand, nämlich der neue große Revolverheld des Westens. (*Titel des gesuchten Filmes*)

Die bis heute wohl populärste Gangster-Bande dieser Zeit bestand aus den vier Younger-Brüdern sowie einem weiteren Brüderpaar aus Missouri. Die meisten der sechs hatten schon während des Bürgerkrieges auf Seiten der Südstaatler Verbrechen begangen. Der jüngere des Brüderpaares wurde vor allem durch seine Ermordung 1882 durch die Ford-Brüder, die eigentlich zu seinen Vertrauten zählten, zu einem häufig ins Positive verkehrten Western-Mythos. Ein berühmter Song, der seinen Namen trägt, wurde auch von den Pogues, Bruce Springsteen oder Van Morrison gecovert. Wie hieß Franks Bruder mit Vor- und Zunamen? (*Name des Outlaws*)

Ebenfalls 1882 starb unter bis heute ungeklärten Umständen ein weiterer berühmter Revolvermann, der bei der oben gefragten Schießerei im Mietstall auf Seiten der Clantons kämpfte. Berühmter noch als seine echten Taten ist sein Nachname, der uns an nichts anderes als an Pulverdampf im Wilden Westen denken läßt. Die Rollennamen von John Wayne in "Höllenfahrt nach Santa Fé" oder von Gregory Peck in "Der Scharfschütze" sowie viele Helden des Italo-Western lassen sich von ihm herleiten. (*Name des Revolvermannes*)

Der wohl berühmteste "Lawman" des echten Westens war der schon erwähnte Wyatt Earp. Doch vor allem einige fiktive Town Marshals oder Sheriffs stehen ihm darin kaum nach. Ein echter Dauerbrenner wurden die Abenteuer des Marshals Matt Dillon. Knappe zehn Jahre im Radio und gute 20 Jahre im Fernsehen, damit in der langlebigsten Western-Serie überhaupt, jagte der Mann des Gesetzes kleine und große Schurken, unterstützt von Festus Haggen, Doc Adams oder Kitty Russell. (*Titel der Serie*)

Auf der großen Leinwand leistete Gary Cooper in einem Oscar-prämierten Auftritt als Marshal Will Kane Unvergessliches. Der aus dem Gefängnis entlassene Frank Miller, den Kane vor Jahren hinter Gitter gebracht hatte, taucht mit seiner Gang in Hadleyville auf, um Rache am Marshal zu verüben. Dieser wird von fast allen Bewohnern seiner Stadt im Stich gelassen. Der Zug, der Frank Miller in den Ort bringt, trifft ein um … (*Titel des Films*)

In einer Rolle ohne Dialog gab dort ein Mann sein Filmdebüt als Mitglied der Bande, dessen markantes Gesicht in den nächsten fast vierzig Jahren in weit über 100 Filmen zumeist als Schurke zu sehen war. Besonders in Italo-Western
 glänzte der Schauspieler mit dem niederländisch klingenden Namen. (*Name des Darstellers*)

Der oscarprämierte Song „Do Not Forsake Me Oh My Darlin´"
wurde im Original von einem Mann gesungen, der es sogar in die
Hall of Fame der Country-Musik geschafft hat. In den 30er
Jahren gehörte er zu den damals populären singenden Cowboys
im Western, später hatte er eine Fernsehsendung, in der er Stars
der Country-Szene empfing. (*Name des Sängers*)

In der deutschen Kino-Fassung allerdings hört man „Sag warum
willst du von mir gehen", gesungen vom Niederländer Ernst
Gottfried Bielke, der wenig später seinen Durchbruch feierte.
Bekannt wurde der Mann mit der tiefen Bassstimme allerdings
unter dem Pseudonym, dass er schon damals benutzte. (*Name des
Sängers*)

Irgendwo zwischen den traditionell das Rückgrat von Recht und
Gesetz verkörpernden Sheriffs und Marshals und den oft in
Gangs organisierten Bank- und Zugräubern finden die
Kopfgeldjäger ihren Platz, die besonders im Italo-Western sehr
oft den Protagonisten stellen. Im Wilden Westen schon (und auch
heute noch) werden sie übrigens mit einem Begriff benannt, der
im Deutschen eher an die Jagd auf Süßigkeiten denken läßt.
(*Anderer Begriff für Kopfgeldjäger*)

Schon Ende der 50er Jahre allerdings war ein Kopfgeldjäger die Hauptfigur einer amerikanischen Fernsehserie. Die auch in Deutschland unter den Titeln "Der Kopfgeldjäger" und "Josh" zu sehende Serie, die im Original "Wanted: Dead Or Alive" hieß, war ein erster großer Erfolg für einen späteren Weltstar, der auch als "King of Cool" bekannt wurde und dessen wohl populärste Rollen "Papillon" und "Bullitt" sein dürften. (*Name des Darstellers*)

Nicht zu vergessen natürlich seine Darstellung des Vin in einem der besten und berühmtesten Western. Neben Yul Brynner, Charles Bronson, James Coburn oder Horst Buchholz hilft er 1960, ein von mexikanischen Banditen terrorisiertes Dorf zu befreien. (*Titel des Films*)

Das Remake aus dem Jahr 2016 sah in der Hauptrolle einen der größten schwarzen Kino-Stars, der schon als Steve Biko oder Malcolm X glänzen konnte. (*Name des Schauspielers*)

Das mindestens so berühmte Titelthema der 1960er-Verfilmung wurde über viele Jahre ein Ohrwurm in der Werbung. Für welche Zigarettenmarke ritt ein Cowboy (einer der Darsteller starb später an Lungenkrebs) zur imposanten Musik über Leinwände und Bildschirme? (*Name der Zigarettenmarke*)

Die bekannteste Figur des Italo-Western bewegt sich ebenfalls meist in der Grauzone zwischen Recht und Unrecht; oft auch als Kopfgeldjäger oder einfach aus Rachedurst auf der Jagd, führt der nach einem berühmten Jazzgitarristen Benannte ein Maschinengewehr in einem Sarg mit sich. (*Name der Figur*)

Auch der einflussreichste Regisseur im Action- und Exploitation-Genre seit Beginn der 90er Jahre, der sowieso in den meisten seiner Filme den Italo-Western zitiert, zeigt diesen bizarren Antihelden 2012 als Titelgestalt eines Westerns, „unchained". (*Name des Regisseurs*)

Noch einmal zurück zu den Outlaws: 1888 wurde ein Mann zum letzten Male gesehen, der zuvor einige Jahre als Postkutschenräuber im Gefängnis verbracht hatte. Im Gegensatz zu den meisten seiner "Kollegen" galt er als sehr höflich und hinterließ bei seinen Überfällen Gedichte. Charles E. Boles lieh sich den Künstlernamen, unter dem er bekannt wurde, aus einem Roman, nicht aus den "Simpsons". (*Pseudonym des Postkutschenräubers*)

Einer der historischen Eckpfeiler, die das Ende der Pionierzeit einleiteten, ereignete sich am 22. April 1889: Auf einen Startschuss um 12 Uhr mittags hin starteten Tausende von potenziellen Siedlern eine Art Wettrennen, um sich ein möglichst gutes Stück des letzten zu vergebenden Landes zu sichern, das ursprünglich Indianer-Territorium war. Dieses Ereignis wurde literarisch und filmisch mehrfach aufbereitet, von Edna Ferber in ihrem Roman "Cimarron", zweimal verfilmt, ebenso im Kino mit Tom Cruise und Nicole Kidman in "In einem fernen Land". Nach welchem späteren Bundesstaat wurde der "Land Run" (oder "Land Rush") benannt? (*Name des Bundesstaates*)

Ein weiterer berühmter Roman Edna Ferbers, der viele Western-Elemente enthält, erblickte 1956 das Licht der Leinwand. "Giganten" zeigt neben Elizabeth Taylor und Rock Hudson einen aufstrebenden jungen Star in seiner dritten und letzten Hauptrolle, der noch vor der Premiere des Filmes durch einen Autounfall ums Leben kam. (*Name des Schauspielers*)

Ein weiterer Schlussstrich war die letzte große kriegerische Auseinandersetzung zwischen Indianern und Soldaten. Am 29. Dezember 1890 wurden dabei in South Dakota 300 wehrlose Angehörige verschiedener Sioux-Stämme von der 7. US-Kavallerie ermordet. Am gleichen, zu erratenden, Ort traten 1973 indianische Aktivisten ans Licht der Öffentlichkeit, um auf die aktuelle Situation der Ureinwohner aufmerksam zu machen. (*Name des Ortes*)

Zur Unterstützung dieser Aktion schickte ein schon vorher als extravagant bekannter Schauspieler die Darstellerin und Aktivistin Sacheen Littlefeather an seiner statt zur Oscar-Verleihung, um seinen Preis als bester Hauptdarsteller in "Der Pate" abzulehnen. (*Name des Schauspielers*)

Die einzige Regiearbeit dieses Darstellers ist ein Western aus dem Jahre 1961. Nachdem er sich mit dem ursprünglichen Regisseur Stanley Kubrick überworfen hatte, zeigte er sich dann mindestens genauso akribisch und detailversessen wie dieser. Die Dreharbeiten zogen sich weit über ein Jahr hin. (*Titel des Films*)

Der ebenfalls letzte große Goldrausch auf dem amerikanischen Kontinent fand 1896-99 in der Yukon-Region in einem Teil des heutigen Kanada statt. Benannt wurde er nach einem Nebenfluss des Yukon. (*Name des Nebenflusses*)

Bemerkenswert: Eine fiktive, nicht-menschliche Comic-Figur soll während dieser Jahre ihre erste Million Taler verdient haben. (*Name der Comic-Figur*)

Ein berühmter Schriftsteller erlebte den Goldrausch persönlich und verfasste darüber eines seiner bekanntesten Werke, den Roman „Ruf der Wildnis" (1903). Trotz seines Nachnamens stammte der Mann aus Kalifornien. (*Name des Schriftstellers*)

Auch aus dessen Feder: Wie wurde noch mal der Mann aus dem gleichnamigen Roman und ZDF-Vierteiler genannt, der scheinbar eine rohe Kartoffel mit bloßen Händen zerdrücken konnte? (*Titel des Werkes*)

Schon frühzeitig tauchte der Westerner als fast mythische Gestalt in der Literatur auf: In einem Roman aus dem Jahr 1897 jagt der texanische Cowboy Quincey Morris zusammen mit anderen Verehrern und Freunden der inzwischen verstorbenen Lucy Westenra einen adeligen Bösewicht und stößt ihm kurz vor seinem eigenen Ableben sein Bowie-Messer ins Herz. (*Titel des Romans*)

Geografisch nicht Western-Style war der Einsatz von Freiwilligen-Kavallerie-Regimentern während des Spanisch-Amerikanischen Krieges auf Kuba 1898, ansonsten waren die später „Rough Riders" getauften Soldaten noch stark von der Pionierzeit geprägt. Bei der berühmten Schlacht um den Hügel von San Juan war der Befehlshaber der Truppe ein späterer US-Präsident, der ebenfalls am Mount Rushmore verewigt wurde. (*Name des Präsidenten*)

Er spielte eine wesentliche Rolle in den drei „Nachts im Museum"-Filmen. Dargestellt wurde er da von einem der bekanntesten Filmkomiker, der als „Mork vom Ork" bekannt wurde und 2014 durch eigene Hand ums Leben kam. (*Name des Darstellers*)

Auch eines der beliebtesten Kinderspielzeuge, längst nicht nur in der Version mit dem Knopf im Ohr, wurde nach diesem US-Präsidenten benannt. (*Name des Spielzeugs*)

Ein unverzichtbarer Markstein in der Entwicklung der Pionierzeit zum (nicht nur) amerikanischen Western-Mythos wurde 1903 gesetzt: Ein Film von Edwin S. Porter gilt als der erste Wildwestfilm. In 14 Szenen wird ganze 12 Minuten lang die Geschichte eines Verbrechens inklusive der Bestrafung der Schuldigen geschildert. (*Titel des Films*)

Im gleichen wie auch den folgenden Jahren starben viele Personen, die auf die eine oder andere Art und Weise mit unserem Thema zu tun haben; meist in höherem Alter auf natürliche Weise. Den Anfang machte im März 1903 ein Mann, der sich selbst zum Richter ernannte. Im Gegensatz zu seinen Darstellungen in Film und Literatur (Paul Newman spielte ihn 1972 durchtrieben, Gary Cooper (als Cole Hardin in „Der Westerner") und Lucky Luke waren seine Gegenspieler) verhängte er während seiner Karriere als „Gesetz westlich des Pecos" insgesamt wohl nur zwei Todesurteile, von denen auch nur eines vollstreckt wurde. (*Name des Richters*)

Der echte „Hanging Judge" hieß Isaac Charles Parker und verurteilte während seiner Zeit als Gerichtspräsident in Fort Smith, Arkansas, 160 Menschen zum Tod durch den Strang. Ted Posts „Hängt ihn höher" (1968) basiert lose auf seiner Person. Der Streifen war übrigens die erste Produktion der „Malpaso Productions", die der Hauptdarsteller mit seinem Verdienst aus mehreren Sergio-Leone-Western finanzierte. Bis heute produziert die Firma fast ausschließlich Filme, an denen er als Darsteller oder Regisseur mitwirkt. (*Name des Darstellers*)

Im August 1903 starb einsam in einem Hotelzimmer eine der wenigen Frauen, die zum Western-Mythos wurden: Vieles in Martha Jane Cannarys abenteuerlichem Leben bleibt unbewiesen, so das gemeinsame Kind mit Wild Bill Hickok, aber ihre Tätigkeiten als Postkutschenfahrerin, Scout oder Goldgräberin reichten aus, um sie in zahlreichen Büchern, Comics und Filmen zu verewigen. Trotz ihres „Künstlernamens" gehörte sie eher zu den Guten. (*Pseudonym Martha Jane Cannarys*)

In einer jugendfreien Musical-Version (sie soll geflucht, geraucht und Tabak gekaut haben und starb als Alkoholikerin) wird sie von einer Schauspielerin deutscher Herkunft dargestellt, die besonders durch Komödien an der Seite von Rock Hudson oder James Garner populär wurde. (*Name der Schauspielerin*)

Im November 1903 dann starb ein bekannter Revolvermann, der auch durch die filmischen Darstellungen von David Carradine und Steve McQueen vor allem als Armee-Scout in den Auseinandersetzungen mit kriegerischen Apachen-Stämmen bekannt wurde, am Galgen. (*Name des Revolvermannes*)

Al Sieber, ebenfalls Scout und langjähriger Partner des gerade Gesuchten, war auch an der Jagd auf den letzten großen, in Freiheit lebenden (Apachen-)Häuptling beteiligt, der sich 1886 zwei Jahre nach seinem Ausbruch aus einem Reservat mit seinen wenigen überlebenden Getreuen wieder der Armee ergab; der Mann, dessen Namen noch heute Fallschirmspringer beim Absprung rufen, starb 1909 in Verbannung seiner Heimat. (*Name des Häuptlings*)

1904 erfand Clarence E. Mulford die Figur eines ungehobelten Cowboys, der sich später in über 60 Filmen eine große Fangemeinde erwarb, dabei allerdings durch Darsteller William Boyd zu einem sauberen Charakter für die Jugendvorstellungen gemacht wurde. Auch im amerikanischen Radio und in Comics erlebte der stets schwarzgekleidete Held mit dem ungewöhnlichen Spitznamen seine Abenteuer. (*Name des Cowboys*)

Im Mai 1906 starb in New York ein Mann, der zum Ende des 19. Jahrhunderts einer der wichtigsten Politiker im Bereich der amerikanischen Innenpolitik war. Der im Rheinland Geborene war einer der Aufständischen, die nach der Märzrevolution 1848 ins Ausland fliehen mussten. Er kämpfte im Bürgerkrieg auf der Seite der Nordstaaten und wurde später amerikanischer Innenminister. Der Mann, dessen Name Assoziationen zu Tarzan weckt, spielte dadurch eine wichtige Rolle in der Indianerpolitik, machte aber dort, wie nahezu alle daran Beteiligten Nichtindianer, keine besonders glückliche Figur. (*Name des Politikers*)

Hat mit unserem Thema nun wirklich gar nichts zu tun: Ebenfalls im Zuge der Märzrevolution floh auch ein Mann ins Londoner Exil, der durch die posthume Veröffentlichung des "Kapitals" zu einem der wichtigsten Schriftsteller und Philosophen der letzten Jahrhunderte wurde. (*Name des Schriftstellers*)

Der Name des nun zu Erratenden klingt ähnlich; dieser Schriftsteller hat sehr viel mit unserem Thema zu tun und ist einer der einflussreichsten Verfasser von Wildwest-Romanen im gesamten deutschen Sprachraum. Im März 1912 starb er in Radebeul bei Dresden. (*Name des Schriftstellers*)

Seine wohl bekannteste Schöpfung ist ein Häuptling der Mescalero-Apachen, Blutsbruder von Old Shatterhand und steter Kämpfer gegen Unrecht und Unterdrückung. (*Name des Häuptlings*)

1910 begann, was später unter dem Begriff „Mexikanische Revolution" bekannt wurde. Mehrjähriger Bürgerkrieg und ein Tummelplatz für vor allem amerikanische Glücksritter, Abenteurer und Söldner, zumindest in Literatur und Film. Zwei zentrale Gestalten auf Seiten der Revolutionäre sind nun gesucht. Beide arbeiteten zeitweilig zusammen gegen die Regierung, beide wurden ermordet. Beide hatten als Titelhelden von mehreren Western prominente Darsteller, der eine wurde von Marlon Brando, der zweite von Yul Brynner und später von Telly Savalas gespielt. (*Namen der Revolutionäre*)

Und wie hieß noch gleich der Polizei-Lieutenant aus „Einsatz in Manhattan", der Lollis anstelle von Zigaretten konsumierte, Savalas´ bekannteste Rolle? Entzückend, Baby! (*Name des Polizisten*)

Am 3. November 1926 starb eine Frau, die zu den wenigen bekannten Frauen des Wilden Westens zählte. Die Kunstschützin, die auch in einer berühmten Wildwest-Show auftrat, gilt dadurch als einer der frühesten weiblichen Stars populärer Kultur. Verewigt wurde sie unter anderem von Irving Berlin als Titelfigur im Musical „Annie Get Your Gun". Wie hieß die weibliche Western-Legende mit vollem Namen? (*Name der Frau*)

Auch wenn sich unter seinen über 500 Filmmusiken nur ungefähr 30 Western befinden, ist der 1928 geborene italienische Komponist doch vor allem für diese Werke bekannt, speziell für die sogenannte „Dollar-Trilogie" und ein Western-Epos, alle inszeniert von einem fast gleichaltrigen Landsmann. Ihre erste gemeinsame Arbeit veröffentlichten sie noch unter den Pseudonymen Dan Savio und Bob Robertson, doch nach dem Durchbruch des Italo-Westerns wurden sie unter ihren wirklichen Namen bekannt. (*Namen des Komponisten und des Regisseurs*)

Ein weiterer kurzer Abstecher in die Musik: Einer der über viele Jahre bis heute populärsten Sänger und Songschreiber der Country-Musik trat auch in einigen Filmen und TV-Serien auf. Der in späteren Jahren als „Man in Black" bekannt Gewordene wurde durch seine „American Recordings" auch einem jüngeren Publikum nähergebracht. Seine Filmbiografie heißt wie einer seiner Songs „Walk The Line". (*Name des Musikers*)

1974 entlarvte ihn in „Schwanengesang" einer der berühmtesten Fernseh-Ermittler als Mörder, der sein sinngemäßes „Eine Frage hätte ich da noch …" meist im Trenchcoat und mit verlöschter Stumpenzigarre im Mund vortrug. (*Name des Ermittlers*)

Fast genauso beliebt als Country-Sänger und Songwriter und noch erfolgreicher als Schauspieler ist ein Mann, der als Hauptdarsteller in „Convoy" glänzte und daneben in der „Blade"-Trilogie sowie auch mehreren wichtigen Spätwestern auftrat. (*Name des Musikers*)

Beide gehörten neben Willie Nelson und Waylon Jennings der Country-Music-Supergroup „The Highwaymen" an, die von 1985 bis 1995 bestand. Alle vier waren 1986 ebenfalls Darsteller in der dritten Verfilmung der Story „Stage To Lordsburg" von Ernest Haycox, die früheren waren 1939 und 1966 entstanden. Der Originaltitel bezeichnete in allen drei Fällen den Haupthandlungsort der Filme. (*Originaltitel der Filme*)

Ein Wildwestheld, der gleich Old Shatterhand in Begleitung seines indianischen Freundes Abenteuer erlebt und für Recht und Gesetz eintritt, allerdings maskiert, hatte 1933 zuerst im amerikanischen Radio seine Premiere. Später folgten eine TV-Serie, zahlreiche Serials und Filme, Comics, und zuletzt 2013 eine mäßig erfolgreiche Verfilmung mit Johnny Depp als Tonto. (*Pseudonym des Helden*)

Der echte Name des gerade Gesuchten ist John Reid; sein Großneffe Britt Reid wurde erdacht von den Erfindern auch der vorherigen Figuren. Verleger Britt erlebt seine Abenteuer als Verbrechensbekämpfer, er allerdings in der Maske eines nicht artgerecht gefärbten Insektes. Auch dieser Held war erfolgreich genug für Serials, Comics, eine TV-Serie und eine Neuverfilmung aus dem Jahr 2011. (*Pseudonym des Großneffen*)

In der Fernsehserie aus den 1960ern machte als Reids Chauffeur Kato ein Mann seine ersten filmischen Erfahrungen, der trotz seines frühen Todes 1973 bis heute als DIE filmische Martial-Arts-Ikone schlechthin gilt. (*Name des Darstellers*)

1937 und 1940 waren gute Jahrgänge für Western-Parodien. In „Way Out West" (Zwei ritten nach Texas, 1937) mischte das vermutlich bekannteste Komiker-Duo den Westen auf, in „Go West" (1940) tat dies ein Brüder-Trio, und in „My Little Chickadee" (Mein kleiner Gockel, 1940) angelte sich eine frivole Femme fatale einen griesgrämigen Misanthropen. Fünf Namen für fünf Punkte, bitte. (*Namen des Komiker-Duos/Name des Trios/Namen der Femme und des Misanthropen*)

Auch in späteren Jahren gab es bemerkenswerte Parodien. „Wo Männer noch Männer sind" (1956) war einer von insgesamt 16 Filmen, die ein Komiker und ein Entertainer, beide später auch solo sehr erfolgreich, von 1949 bis 1956 miteinander drehten. (*Namen der Schauspieler*)

Im Gegensatz zu den gerade genannten Filmen war „Der große Bluff", der etwa zur selben Zeit, nämlich 1939, entstand, keine Abfolge von Gags, die von großartigen Komikern präsentiert wurden und mehr oder weniger zufällig im Wilden Westen spielten, sondern profitierte von einer klassischen Western-Handlung, die immer wieder komödiantisch aufgelockert wurde. Neben dem jungen James Stewart agierte als Frenchy eine Berlinerin, die nach einigen Misserfolgen als Kassengift galt, aber nun ihr Comeback erlebte. (*Name der Darstellerin*)

Der Autor von „Destry Rides Again", der Romanvorlage zu „Der große Bluff", hieß eigentlich Frederick Faust und gehörte unter seinem zu erratenden Pseudonym zu den erfolgreichsten Western-Autoren bis heute. (*Name des Autors*)

In einem Remake aus dem Jahr 1954 wurde Destry von Audie Murphy dargestellt, der während seiner Filmkarriere hauptsächlich Darsteller in Western war. Zuvor hatte er in anderer Funktion große Berühmtheit in den Vereinigten Staaten erlangt. (*Grund für Murphys Berühmtheit*)

Von allen Stummfilm-Cowboys wohl der bekannteste, und durch Filme sowie Leihbücher und Heftromane vor und nach dem 2. Weltkrieg auch in Deutschland sehr populär: Der zu Erratende hatte schon eine abenteuerliche Vergangenheit als Soldat, Holzfäller oder Rodeo-Reiter hinter sich, ehe er zum Film kam. Bis zur Tonfilmzeit war er als Darsteller und Regisseur einer der erfolgreichsten Stars des frühen Kinos. Die strikte Trennung von Gut und Böse in seinen Filmen machte den Mann mit dem besonders großen Hut, der oft auf seinem Wunderpferd Tony durch Stadt und Prärie ritt, auch bei Jugendlichen sehr beliebt. (*Name des Schauspielers*)

Vor und während des zweiten Weltkrieges hatte das Western-Genre eine Flaute, thematisch war er zu dieser Zeit einfach nicht gefragt. Nach dem Krieg dann wurden die Themen schon in den 50er und erst recht in den 60er Jahren oft immer ernsthafter, sogar politisch. Eine Ausnahme bildete ein schon 1943 gedrehter Film, der sich mit Lynchjustiz befasste und damit nicht die faschistischen Kriegsgegner Deutschland und Japan, sondern den unterschwelligen Faschismus im eigenen Land anklagt; absolut berechtigt, wie die Kommunistenverfolgung wenige Jahre später belegte. Neben Henry Fonda als Anti-Held war auch Anthony Quinn als einer der zu Unrecht Gehängten zu sehen. (*Titel des Films*)

Stan Jones schrieb 1948 einen der erfolgreichsten Country-Songs: Der Text soll von der nordeuropäischen „Wilden Jagd" inspiriert sein, der Song selbst wiederum soll die Doors bei „Riders On The Storm" beeinflusst haben. (*Titel des Songs*)

Von 1948 bis 1950 entstanden drei Filme, die später als Kavallerie-Trilogie des gesuchten Regisseurs bekannt wurden: „Bis zum letzten Mann", „Der Teufelshauptmann" und „Rio Grande", alle mit dem gleichen Hauptdarsteller, alle geschrieben auf der Grundlage von Stories des Autors James Warner Bellah. Der Regisseur (nur echt mit der Augenklappe!) sagte selbst über sich: „My name is …, i make Westerns." (*Name des Regisseurs*)

Von 1951 bis 1963 schrieb Liselotte Welskopf-Henrich einen Roman-Zyklus, der zuletzt aus sechs Bänden bestand. Darin erzählt sie die Erlebnisse eines Lakota-Jungen auf dem Weg ins Erwachsenenalter. Die besonders in der DDR sehr beliebten Bücher wurden unter dem Titel des Roman-Zyklus 1966 auch verfilmt. (*Titel des Zyklus*)

Die Hauptrolle in der Verfilmung übernahm ein serbischer Darsteller, der in fast allen DEFA-Indianerfilmen die Hauptrolle übernahm und sich bis heute großer Popularität erfreut. (*Name des Darstellers*)

Nicht nur in den gerade erwähnten Büchern war ein stärkerer Naturalismus, in diesem Falle sogar wissenschaftlich fundiert, zu erkennen, auch ein 1954 erstmals erschienener Comic zeichnete sich durch größeren Realismus in der Handlung und bei den Zeichnungen aus, als bisher gewohnt. Jijés Serie um einen US-Marshal, der zusammen mit seinem mexikanischen Freund Pancho dem Recht Geltung verschaffte, erschien zuerst in „Spirou", war auch in Deutschland bekannt und zudem erst der zweite nichtamerikanische Western-Comic, wobei der erste tatsächlich ein „Comic" war. (*Titel der Comic-Serie*)

Klassiker der deutschen Wildwest-Kultur sind die Karl-May-Festspiele, deren Open-Air-Aufführungen seit 1952 bzw. 1958 in Schleswig-Holstein und im Sauerland Millionen von Zuschauern begeisterten und immer noch begeistern. (*Beide Ortsnamen*)

Die Glücksritter Ben Trane und Joe Erin (Gary Cooper und Burt Lancaster) erleben Abenteuer in Mexiko zur Zeit Kaiser Maximilians. Der Großteil der Handlung des gesuchten Filmes spielt in der titelgebenden Stadt. (*Titel des Filmes*)

Diese Stadt war schon 1519 gegründet worden und gehört somit zu den ältesten auf amerikanischem Festland; ihr Gründer gelangte in den folgenden Jahren als Konquistador mit maßgeblichem Anteil an der Zerstörung des aztekischen Imperiums zu zweifelhafter Berühmtheit. (*Name des Konquistadors*)

Unbestritten einer der größten Western-Stars der Leinwand, stellte Gary Cooper auch historische und zeitgeschichtliche Berühmtheiten wie Marco Polo oder Lou Gehrig dar. In „Ein Mann wie Sprengstoff" (1948) war seine Darstellung des Howard Roark ebenso wie die literarische Vorlage und die Bauten im Film eng an Biografie und Werk eines damals noch lebenden weltberühmten Architekten angelehnt. (*Name des Architekten*)

Und welcher weltberühmte Cowboy, der den Colt schneller zieht als sein eigener Schatten und dessen erste Comics im Jahre 1946 erschienen, wurde ursprünglich nach Gary Coopers Vorbild gestaltet? (*Name des Comic-Cowboys*)

„Stadt in Angst" (1954) spielt kurz nach Ende des 2. Weltkrieges und konfrontiert den einarmigen Helden John J. Macreedy mit den Einwohnern der Kleinstadt Black Rock, die, ganz im Stile der alten Westerner, nach dem Angriff auf Pearl Harbour Lynchmord an einem Japaner begangen hatten. Der gesuchte Schauspieler trat in „klassischen" Western fast nie in Erscheinung. (*Name des Darstellers*)

Ebenfalls eher untypisch für das Genre sind Regisseur und Hauptdarstellerin von „Fluss ohne Wiederkehr" aus demselben Jahr. Der Österreicher schuf große Werke mit „Laura" (1944), „Der Mann mit dem goldenen Arm" (1955) oder „Exodus" (1960); die als Norma Jeane Mortenson Geborene wurde einer der größten Filmstars überhaupt und sang auch den Titelsong. (*Name des Regisseurs/Name der Schauspielerin*)

Robert Mitchum, der Hauptdarsteller von „Fluss ohne Wiederkehr", war einer der eigenwilligsten Schauspieler seiner Generation und festigte sein Image als „Bad Boy" durch einen kurzen Gefängnisaufenthalt im Jahr 1949. Wofür wurde Mitchum bestraft? (*Grund der Verurteilung*)

Im März 1955 debütierte die später zu den bekanntesten Western-Comics zählende Serie „Rawhide Kid". Erfunden wurde sie von der vermutlich größten Legende der Comic-Geschichte, einem 2018 verstorbenen Mann, der wie kein anderer für die „Marvel"-Comics steht. Hauptzeichner war ein Mann, der „King" genannt wurde und zumindest an der Entwicklung der Fantastic Four, der X-Men und des Hulk entscheidend beteiligt war. (*Namen der Comic-Künstler*)

Zwischen 1956 und 1960 entstanden sieben Filme, die als „Ranown"-Zyklus bekannt wurden, darunter „Fahrkarte ins Jenseits" (1957) und „Auf eigene Faust" (1959). Inszeniert von Budd Boetticher, geschrieben fast alle von Burt Kennedy und bis auf den ersten produziert von Harry Joe Brown, hatten alle denselben Hauptdarsteller, der schon seit Ende der Stummfilmzeit erfolgreicher Darsteller war. (*Name des Schauspielers*)

Nach diesen Filmen trat er nur noch einmal auf der Leinwand in Erscheinung und sicherte sich damit einen blendenden Abgang. In „Sacramento" (1962), inhaltlich ein Abgesang auf den alten Weste(r)n, hatte ein weiterer Star des Genres seinen letzten regulären Filmauftritt, der auch Erfolge in Screwball-Komödien oder unter der Regie von Alfred Hitchcock hatte feiern können. (*Name des Darstellers*)

Mit dem Siegeszug des Fernsehens begann auch die große Zeit der Western-Serien, die ungefähr zwei Jahrzehnte andauerte. Von 1957 bis 1962 war eine Serie erfolgreich, in der auch Roger Moore eine wiederkehrende Rolle hatte. Der Titel ist eine Bezeichnung für Tiere ohne Brandzeichen. (*Titel der Serie*)

1994 schaffte es die Serie als Film auf die Leinwand, mit Mel Gibson und Jodie Foster in den Hauptrollen sowie einem Darsteller, der schon in der Serie eine tragende Rolle hatte und hierzulande vor allem als Jim Rockford bekannt ist. (*Name des Schauspielers*)

1959 trafen Henry Fonda, Anthony Quinn und Richard Widmark in einer Kleinstadt aufeinander, die dem gesuchten Film den Namen gab. Im Original eine Bezeichnung für Hexenmeister, erinnert der deutsche Verleihtitel eher an James Bond. Einer von beiden genügt. (*Originaltitel oder deutscher Verleihtitel des Filmes*)

Ebenfalls im Jahr 1959 bzw. im folgenden Jahr wurden zwei Football-Teams gegründet, die bis heute am Spielbetrieb teilnehmen. Beide Teams, deren Namen deutlich mit amerikanischen Mythen kokettieren, waren schon Superbowl-Gewinner, und stammen aus den beiden Großstädten, in denen auch die populärsten TV-Soap-Operas der 80er Jahre spielten. (*Namen der Football-Teams*)

Welche populäre Zeichentrickfigur wünschte sich in der Folge „Das verlockende Angebot" von seinem damaligen Chef Hank Scorpio eines der Teams als Belohnung, bekam zu seiner Enttäuschung allerdings das andere Team geschenkt? (*Name der Trickfigur*)

Auch wenn er in über hundert Filmen vor der Kamera stand, waren seine kleinen und kleinsten Auftritte für das Genre nicht annähernd so wichtig, wie seine Arbeit dahinter. Der berühmte Rodeo-Reiter und Stuntman Yakima Canutt war verantwortlich für Indianerüberfälle auf fahrende Postkutschen und als Second-Unit-Regisseur für eine der berühmtesten Szenen der gesamten Filmgeschichte: Das Wagenrennen eines historischen Dramas, das ebenfalls 1959 in die Kinos kam. (*Titel des Filmes*)

1961 sind John Wayne und Stuart Whitman auf der Jagd nach verbrecherischen Outlaws, die Waffen und Alkohol an Indianer verkaufen. Die heimliche Hauptrolle in „Die Comancheros" spielte eine legendäre Polizeitruppe, die 1823 gegründet wurde und bis heute besteht. (*Name der Polizeitruppe*)

Ein berühmter amerikanischer Kampfsportler war als „Walker" in der gleichnamigen TV-Serie Angehöriger dieser Truppe und bekam dafür die Mitgliedschaft ehrenhalber. (*Name des Darstellers*)

Eine weitere berühmte Polizeitruppe vom anderen Ende des geographischen Spektrums unseres Themas taucht nur selten in Film und Literatur auf, ist allerdings aus einer leicht schrägen Krimiserie wie auch aus einem berühmten Sketch der „Monty Pythons" bekannt. (*Name dieser Polizeitruppe*)

„Die Comancheros" war auch die letzte Regiearbeit eines ungarischen Filmschaffenden, ursprünglich Manó Kaminer, der weit über 100 Filme drehte, darunter unvergessliche Klassiker wie „Die Abenteuer des Robin Hood" (1938), „Casablanca" (1942) oder „Wir sind keine Engel" (1955). (*Name des Regisseurs*)

Natürlich waren auch zahlreiche Western unter seinen Werken, so auch „Herr des Wilden Westens" (1939), „Goldschmuggel nach Virginia" (1940) und „Land der Gottlosen" (1940), allesamt mit dem selben Hauptdarsteller, der schon für ihn den Robin Hood gespielt hatte und als einer DER Abenteurer der Leinwand gilt. (*Name des Schauspielers*)

Im letztgenannten Film gab ein Mann den besten Freund des Helden, der später als kalifornischer Gouverneur und sogar als 40. Präsident der USA erst richtig populär wurde. (*Name des Politikers*)

1962 entstand der erste Western, der auf einem Roman von Karl May beruhte. Der immense Erfolg des Streifens zog in den nächsten Jahren ein gutes Dutzend weitere Wildwest-Filme nach May-Vorlagen nach sich und ebnete ebenso den Weg für zahllose Euro- und Italo-Western bis zur Mitte der Siebziger Jahre. Wie lautete der Titel (der ein wenig nach dem damals sehr populären Heimatfilm-Genre klang)? (*Titel des Filmes*)

Der Großteil der Dreharbeiten fand in einem südosteuropäischen Staat statt, der seit 1991 begann, zu verfallen, und inzwischen aus sechs anerkannten Republiken besteht. Wie lautete der Name des Landes damals? (*Name des Staates*)

Hätte sich das Drehbuch enger an die Romanvorlage gehalten, wäre nicht Old Shatterhand die Hauptfigur der Handlung gewesen, sondern ein anderer Westmann, der später aber auch seinen eigenen Filmauftritt bekam. (*Name der Hauptperson im Roman*)

Schon im zweiten Film der Reihe mussten die Kinogänger den tragischen Tod Nscho-tschis ertragen, der Schwester des Titelhelden. Die Auftritte in den Karl-May-Filmen sind auch heute noch der Hauptgrund für die Popularität ihrer Darstellerin zumindest in Deutschland. (*Name der Darstellerin*)

Die Musik für fast alle Karl-May-Western komponierte ein Berliner, dessen Name einen eher seltenen Handwerksberuf bezeichnet. Trotz hunderter Arbeiten für Kino und TV sind vor allem seine Themen zu den Heldenfiguren bis heute echte Ohrwürmer. (*Name des Komponisten*)

Ein noch größerer Erfolg an den Kinokassen als schon die ursprünglichen Streifen war im Jahr 2001 eine Parodie auf die Karl-May-Western, erdacht, gemacht und gespielt von den Köpfen hinter der Bullyparade. (*Titel des Filmes*)

Ebenfalls 1962 erschien ein Film auf den Leinwänden der Kinos, der vor und hinter der Kamera (fast) alles versammelt hatte, was im Genre Rang und Namen hatte: Neben Großmeister John Ford noch drei weitere Regie-Veteranen, in der stargespickten Darstellerriege befanden sich Henry Fonda, Gregory Peck, James Stewart, John Wayne, Richard Widmark, Debbie Reynolds, Carroll Baker und und und … Der deutsche Verleihtitel war dann programmatisch für den Streifen (wie auch für jedes andere umfassende Werk über den Wilden Westen). (*Titel des Filmes*)

Immer noch 1962: Ein Neo-Western mit Kirk Douglas in der Hauptrolle ist einer der ersten Filme, die Hubschrauber als Symbol für staatliche Überwachung und Verfolgung verwenden. Der Titel des Streifens drückt die Verlassenheit der letzten Westmänner bei der Konfrontation mit der modernen Zivilisation aus. (*Titel des Filmes*)

Im Januar 1963 wurde ein Mann zu Grabe getragen, der in hunderten von Filmen aufgetreten war. Al St. John hatte im Stummfilm begonnen und später eine Figur entwickelt, die in Deutschland besonders durch die TV-Reihe „Western von gestern" Bekanntheit erlangte. Der gesuchte Rollenname wird inzwischen auch als harmloses Schimpfwort benutzt. (*Name der Figur*)

Slim Pickens, als Nebendarsteller ein bekanntes Gesicht auch aus vielen Western, hatte seinen wohl größten Kino-Moment, als er, mit Cowboyhut bekleidet, auf einer Atombombe zur Explosion ritt. Dies geschah 1964 in Stanley Kubricks brillanter Satire … (*Titel des Filmes*)

Von 1965 bis 1985 erschienen im Bastei-Verlag zwei Comic-Serien, die sicherlich nicht nur ich als Kind geliebt habe. Die Abenteuer einer Collie-Hündin und ihres Herrchens lehnten sich namentlich an ein berühmtes Vorbild an; die Serie mit Reno Kid und Häuptling Arpaho hingegen wurde nach einem Gegenstand zum Einfangen von Tieren benannt. (*Titel der Comic-Serien*)

Es ist schon bemerkenswert, dass Sam Peckinpahs Film aus dem Jahr 1965 im Original „Major Dundee" heißt, der deutsche Verleihtitel dagegen „Sierra Charriba" lautet, denn der erste verfolgt mit seinen Soldaten den zweiten, um ihn gefangen zu nehmen oder zu töten. Gefragt ist nun aber nach zwei deutschsprachigen Schauspielern, die zur illustren Besetzung gehörten: Als Sergeant Gomez ein Mann, der 2016 nach über 50 Jahren zum zweiten Mal den fiesen Frederick Santer gab, als Teresa eine Frau, die inzwischen regelmäßig als Dr. Eva Maria Prohacek Verbrechen im TV aufklärt. (*Name des Darstellers/Name der Darstellerin*)

Ein Regisseur österreichischer Herkunft drehte die meisten seiner bekanntesten Western und zahlreiche andere Filme mit James Stewart in der Hauptrolle, bevor er sich mit diesem überwarf. Zum Ende seiner Karriere war er mit historischen Abenteuerdramen wie „El Cid" erfolgreich. Er war übrigens nicht mit der deutschen Schriftsteller-Familie verwandt oder verschwägert. (*Name des Regisseurs*)

Nachdem Mario Girotti und Carlo Pedersoli schon 1959 in „Hannibal" zu sehen waren, war „Gott vergibt … Django nie!" 1967 der Beginn der Karriere des erfolgreichsten Komiker-Duos der 70er Jahre. Zuerst in Western, dann in Krimis und Abenteuerfilmen traten die beiden, inzwischen unter ihren bekannten Pseudonymen, in mehr als einem Dutzend Filmen gemeinsam vor die Kamera. (*Pseudonyme von Girotti und Pedersoli*)

Im Original „Soldier Blue", kam 1970 ein Streifen in die Kinos, der in Sachen Härte und Gewalt neue Maßstäbe im Bereich des „seriösen" Films setzte, was ihm vielfach zum Vorwurf gemacht wurde. Das gezeigte Massaker an einem Indianerstamm arbeitete dabei auch aktuelle Vorfälle im Vietnam-Krieg auf. Die Hauptrollen des Werkes mit dem reißerischen deutschen Titel waren mit Peter Strauss und Candice Bergen besetzt. (*Titel des Films*)

1971 starb der Mann, der vielen Stars das schnelle Ziehen des Colts und diverse Kunststücke mit Schusswaffen, Messer oder Tomahawk beigebracht hatte. Seine indianische Herkunft ist nicht restlos geklärt, sein (vermutlich) echter Name, unter dem er auch in vielen Wildwestfilmen als Kleindarsteller auftrat, klingt zumindest so, irgendwie nach farbigem Geflügel. (*Name des Mannes*)

In diesem Zusammenhang: Wer galt Budd Boetticher zufolge als schnellster Revolverschütze Hollywoods, weswegen sein Gegner in „Der Siebente ist dran" niemals beim Ziehen gezeigt wird, weil dieser , obwohl „der Gute", zu langsam gewesen wäre? (*Name des Darstellers*)

Eine Western-Serie der anderen Art lief im amerikanischen TV von 1972 bis 1975 und erlebte mit demselben Hauptdarsteller einen Aufguss in den 90er Jahren. David Carradine spielt einen Shaolin-Mönch, der versucht, seine Reisen und Abenteuer getreu seiner buddhistischen Einstellung gewaltfrei durchzustehen. Wie hieß die Serie, die dem Kampfsport, nach dem sie benannt wurde, erhebliche Popularität verschaffte, und wie war doch gleich der Rollenname des Helden? (*Titel der Serie/Name des Helden*)

Von 1972 bis 1981 erschien eine Heftromanserie, die vielen als die beste deutsche ihrer Art gilt, ein Jahr später gefolgt von einem Ableger. Die stark vom Italo-Western beeinflussten Reihen erzählten die Abenteuer zweier Einzelgänger, eines weißen Geächteten und eines Halbbluts. (*Titel der Heftromanserien*)

Die von Günther König gemalten Titelbilder hatten eine (für diesen Künstler nicht ungewöhnliche) Besonderheit: Die beiden Titelhelden tauchten als große Köpfe oft im Hintergrund des Bildes auf und waren außerdem zwei Filmstars nachempfunden. (*Namen der Stars*)

Ebenfalls ab 1972 bis heute (März 2019) erscheint eine weitere Heftromanserie um den „härtesten Mann seiner Zeit" (Untertitel), der sich von Anfang an als Frauenheld und später auch als Vorläufer heutiger Geheimagenten darstellt. (*Titel der Heftromanserie*)

1972 Das Leben eines eher unbekannteren Kriegshäuptlings der Chiricahua-Apachen bot dennoch genügend Stoff für drei Verfilmungen zu Beginn der 70er Jahre: 1972 drehte Robert Aldrich fast 20 Jahre nach „Massai – Der große Apache" wieder einen Film über einen Apachen, in den folgenden Jahren war Gojko Mitic nach eigenem Drehbuch der Hauptdarsteller zweier weiterer DEFA-Produktionen. (*Name des Häuptlings*)

Seit 1973 begeistert er kleine und große Kinder, zuerst als Comic, später im TV, und zuletzt auch als Musical: Der gesuchte Indianerjunge kann mit Tieren sprechen und erlebt seine Abenteuer meist an der Seite seines Pferdes Kleiner Donner. (*Name des Jungen*)

Ebenfalls 1973 wiederholt Yul Brynner seine Rolle aus „Die glorreichen Sieben" und dessen Fortsetzung. In einem Science-Fiction-Film nach Michael Crichton stellt er einen Roboter dar, der mit vielen gleichartigen in einem Vergnügungspark Amok läuft. Seit 2016 wird der Stoff als TV-Serie neu erzählt. (*Titel des Filmes*)

Yul Brynner

Ende des Jahres erschien mit „Jolene" einer der erfolgreichsten Country-Songs als Single (im Jahr darauf auf dem gleichnamigen Album). Die berühmte Interpretin feierte auch Erfolge im Film, so in „Magnolien aus Stahl" (1989). (*Name der Darstellerin*)

Eine sehr erfolgreiche Berliner Band, die ihre Songs im Country-Stil spielt, nahm 2015 zusammen mit den Common Linnets eine Cover-Version von „Jolene" auf. (*Name der Band*)

Wenige Jahre vor „Jolene" hatte Tammy Wynette einen ihrer größten Hits, der in Deutschland ihr einziger Erfolg blieb. Da der Text des Songs leider nicht ironisch gemeint war, war und ist das Lied vor allem bei Frauenrechtlerinnen umstritten. (*Titel des Songs*)

Eher aus dem Bereich (Folk-)Rock stammt der Song „Indian Reservation", der zu Beginn der 70er Jahre in zwei Versionen in den Charts landete. Er ist ein Klagelied eines Volkes der amerikanischen Ureinwohner über die ungerechte Vertreibung aus ihrem Land in ein Reservat. (*Name des Volkes*)

Auch noch 1973: John Ford starb, 1977 folgte ihm Howard Hawks, 1979 erlag auch John Wayne einem Krebsleiden, der wohl bedeutendste Schauspieler des Western-Genres, der mit diesen Regisseuren seine wichtigsten Filme gedreht hatte. 1907 wurde er unter dem Namen Marion Robert Morrison geboren, später bekam er neben seinem Künstlernamen einen „adeligen" Spitznamen, den in seiner Kindheit sein Hund getragen hatte. (*Spitzname John Waynes*)

Einen würdigen Abschluss seiner genau 50 Jahre währenden Filmkarriere erhielt der seit Jahren krebskranke Wayne 1976 als todkranker Revolvermann in „Der Scharfschütze". An seiner Seite James Stewart, Lauren Bacall und der spätere Erfolgsregisseur Ron Howard. Mit welcher anderen Hollywood-Legende war Lauren Bacall seit den Dreharbeiten zu „Haben und Nichthaben" (1944) liiert und später bis zu deren Tod verheiratet? (*Name der Legende*)

John Wayne und James Stewart waren schon 1962 unter Fords Regie in einem berühmten Western aufgetreten. Stewart spielte einen Anwalt, der eine erfolgreiche politische Karriere einschlug, da er die Lorbeeren für das Erschießen eines Revolverhelden erntete, den tatsächlich ein anderer (Wayne) getötet hatte. Der schurkische Titelheld wurde damals von Lee Marvin gegeben. (*Titel des Filmes*)

Ein obskurer Beitrag des Neuen Deutschen Films entstand 1976 mit Peter Schamonis „Potato Fritz". In der Titelrolle war ein auch international bekannter Darsteller, Schriftsteller und Weltenbummler zu sehen. (*Name des Weltenbummlers*)

Die Rolle des Sergeant Stark spielte ein Mann, der seine Brötchen eigentlich als Fußballprofi verdiente. National und international hat er fast alle möglichen Titel gewonnen, in den WM-Endspielen 1974 und 1982 war er erfolgreicher Torschütze für das deutsche Team. (*Name des Spielers*)

Der Trucker als Cowboy der Landstraßen: Kaum ein Film, der dieses Image besser pflegt als „Convoy" (1978) von Regie-Veteran Sam Peckinpah. Kris Kristofferson als Martin Penwald gerät mit dem Gesetz in Konflikt und bezahlt dies fast mit seinem Leben. Penwalds Spitzname stammt übrigens nicht aus „Brehms Tierleben". (*Spitzname Martin Penwalds*)

Einer der erfolgreichsten Verfasser von Western-Romanen weltweit starb 1988 im Alter von 80 Jahren. Zu seinen bekanntesten Werken gehören die Romane um die Sacketts, auch „Hondo" (1953) und „Shalako" (1968) entstanden nach seinen Vorlagen. Tatsächlich ist sein Name kein Pseudonym, wenn auch im Schriftbild leicht angepasst. (*Name des Autors*)

1989 wurde Sergio Leone zu Grabe getragen, der vor allem durch die sogenannte Dollar-Trilogie bekannt wurde. Nennt einen der drei Filme für den Punkt. (*Titel eines Filmes der Dollar-Trilogie*)

Sein Meisterwerk war jedoch 1968 der Streifen mit den zwei Pferden zu viel und der seltsamen Mundharmonika-Melodie. (*Titel des Filmes*)

Einer der wenigen amerikanischen Komponisten klassischer Musik von Weltruf starb 1990. Er ließ sich auch von traditionellen Cowboy- und Folksongs inspirieren und schuf 1938 ein Ballett namens „Billy The Kid". Sein Name erinnert an einen Film mit Sylvester Stallone. (*Name des Komponisten*)

Sein Werk „Fanfare For The Common Man" wurde von einer britischen Progressive-Rock-Supergroup zu einem ihrer bekanntesten Stücke verarbeitet. Die Band ist nach ihren drei Mitgliedern benannt. (*Name der Band*)

1995 entstand der erste vollständig im Computer gefertigte Kino-Langfilm, der es inzwischen auf drei sehr erfolgreiche Fortsetzungen brachte. Eine der Hauptfiguren ist der Cowboy-Sheriff Woody, zu Beginn das Lieblingsspielzeug des Jungen Andy. Unter welchem Titel erlebten Woody und seine Spielzeug-Freunde ihre Abenteuer? (*Titel des Filmes*)

Die beiden bekanntesten der „Singing Cowboys" starben 1998 innerhalb weniger Monate. Der eine war in den 30er Jahren als Star von Dutzenden von B-Western ähnlich populär wie seine Schauspieler-Kollegen aus der A-Kategorie und hat als einziger Künstler fünf Sterne in fünf Kategorien auf dem Hollywood Walk of Fame; der zweite ersetzte ihn nach Querelen mit dem Studio und übertraf ihn in den folgenden Jahren noch an Beliebtheit. (*Namen der Cowboys*)

Der erfolgreichste deutsche Western-Autor (und einer der wenigen, die auch in den USA veröffentlichten) verschied im August 2005. Von seinen über 700 Western-Romanen wurden fast alle zuerst als Leihbücher oder später als Taschenbuch herausgegeben, bis sie dann auch im Heftformat zugänglich waren. (*Name des Autors*)

Ebenfalls erfolgreich mit Leihbüchern waren auch Heinz-Josef Stammel und Uwe Hans Wilken. Stammel, Autor zahlreicher Sachbücher über unser Thema, teilte sich mit Werner J. Egli ein Pseudonym, das für einen der bekanntesten Autoren von Western in Heftroman und Taschenbuch im deutschsprachigen Gebiet steht. (*Pseudonym Stammels und Eglis*)

Als U.H. Wilken veröffentlichte Wilken die meisten seiner Romane unter eigenem Namen. Zu erraten sind jetzt drei seiner Schöpfungen, die in eigenen Serien oder Unterserien viele Abenteuer im Westen erlebten, zwei genügen für den Punkt. Der erste, mit eigener Serie, wurde im Untertitel „Ein Kämpfer zwischen Weiß und Rot" genannt, die Erlebnisse des zweiten, des „schwarzen Geisterreiters", erschienen innerhalb des „Marshal Western", die Bände mit Nummer drei, eines Kämpfers für die Schwachen, waren und sind über viele Romanserien verteilt. (*Namen zweier der drei Serienhelden*)

Am 30. August 2006 verstarb einer der letzten noch lebenden großen Helden des Wildwestfilmes im Alter von 90 Jahren. Einer seiner bemerkenswertesten Auftritte im Genre fand 1957 unter dem Originaltitel „3:10 To Yuma" statt, als charmanter Bösewicht in einem spannenden Streifen, der durchaus Parallelen zu „High Noon" aufweist. Nennt bitte den deutschen Verleihtitel oder den des genau 50 Jahre später entstandenen Remakes und natürlich auch den Namen des Darstellers. (*Verleihtitel eines der Filme/Name des Darstellers*)

In „Der Mann, der Liberty Valance erschoss" heißt es: „When the legend becomes fact, print the legend!". Wie, besonders im Ursprungsland des Western, Mythen und Legenden mit der Wirklichkeit eins werden, zeigt sich im Wahlkampf (und leider auch während der Regierungszeit) des amtierenden amerikanischen Präsidenten. Der bekennende John-Wayne-Fan, dessen Tochter Aissa zu den Befürwortern des Politikers zählt, rüpelte sich vor den Wahlen durch die Bundesstaaten der USA und seit seiner Wahl auch durch die Weltpolitik wie weiland der größte Wildwest-Star durch seine Filme. (*Name des Präsidenten*)

Filmografie

Die Filmografie umfasst die im Fragetext und in den Lösungen erwähnten Filme, ungeachtet ihrer filmhistorischen Bedeutung.

R = Regie, B = Drehbuch, D = Darsteller

Alamo (The Alamo). USA 1960. R: John Wayne. D: John Wayne, Richard Widmark, Laurence Harvey, Richard Boone.

Am fernen Horizont (The Far Horizons). USA 1955. R: Rudolph Maté. D: Fred MacMurray, Charlton Heston, Donna Reed.

Der Besessene (One-Eyed Jacks). USA 1961. R: Marlon Brando. D: Marlon Brando, Karl Malden, Katy Jurado, Ben Johnson, Slim Pickens, Elisha Cook Jr..

Big Valley (The Big Valley). USA 1965-1969. 112 folgen. D: Barbara Stanwyck, Lee Majors, Linda Evans.

Bis zum letzten Mann (Fort Apache). USA 1948. R: John Ford. D: John Wayne, Henry Fonda, Shirley Temple, Ward Bond.

Blaze Of Glory – Flammender Ruhm (Young Guns II). USA 1990. R: Geoff Murphy. D: Emilio Estevez, Kiefer Sutherland, Lou Diamond Phillips, Christian Slater, William Petersen, James Coburn, Viggo Mortensen, Jon Bon Jovi.

Bonanza. USA 1959-1973. 431 Folgen. D: Lorne Greene, Michael Landon, Dan Blocker, Pernell Roberts, Victor Sen Yung.

Cimarron. USA 1960. R: Anthony Mann, Charles Walters. D: Glenn Ford, Maria Schell, Anne Baxter, Russ Tamblyn, Mercedes McCambridge, Harry Morgan.

Die Comancheros (The Comancheros). USA 1961. R: Michael Curtiz, John Wayne. D: John Wayne, Stuart Whitman, Lee Marvin, Joan O'Brien, Jack Elam, Henry Daniell.

Cowboy. USA 1958. R: Delmer Daves. D: Glenn Ford, Jack Lemmon, Brian Donlevy.

Das war der Wilde Westen (How The West Was Won). USA 1962. R: John Ford, Henry Hathaway, George Marshall, Richard Thorpe. D: Carroll Baker, Lee J. Cobb, Henry Fonda, Carolyn Jones, Karl Malden, Gregory Peck, George Peppard, Robert Preston, Debbie Reynolds, James Stewart, Eli Wallach, John Wayne, Richard Widmark, Walter Brennan, Raymond Massey, Agnes Moorehead, Harry Morgan, Thelma Ritter, Mickey Shaughnessy, Russ Tamblyn, Spencer Tracy, Ken Curtis, Jay C. Flippen, Harry Dean Stanton, Lee Van Cleef.

Der mit dem Wolf tanzt (Dances With Wolves). USA/GB 1990. R: Kevin Costner. D: Kevin Costner, Mary McDonnell, Graham Greene.

Destry räumt auf (Destry). USA 1954. R: George Marshall. D: Audie Murphy, Thomas Mitchell.

Einsam sind die Tapferen (Lonely Are The Brave). USA 1962. R: David Miller. D: Kirk Douglas, Gena Rowlands, Walter Matthau, George Kennedy.

Fluß ohne Wiederkehr (River Of No Return). USA 1954. R: Otto Preminger, Jean Negulesco. D: Robert Mitchum, Marilyn Monroe, Rory Calhoun.

Der gebrochene Pfeil (Broken Arrow). USA 1950. R: Delmer Daves. D: James Stewart, Jeff Chandler, Debra Paget.

Giganten (Giant). USA 1956. R: George Stevens. B: Edna Ferber. D: Elizabeth Taylor, Rock Hudson, James Dean, Carroll Baker, Mercedes McCambridge, Dennis Hopper, Sal Mineo, Rod Taylor.

Goldrausch (The Gold Rush). USA 1925. R, B: Charles Chaplin. D: Charles Chaplin.

Goldschmuggel nach Virginia (Virginia City). USA 1940. R: Michael Curtiz. D: Errol Flynn, Miriam Hopkins, Randolph Scott, Humphrey Bogart, Ward Bond.

Der große Eisenbahnraub (The Great Train Robbery). USA 1903. R: Edwin S. Porter. D: Gilbert M. Anderson.

Hängt ihn höher (Hang ´Em High). USA 1968. R: Ted Post.

D: Clint Eastwood, Inger Stevens, Ben Johnson, Bruce Dern, Dennis Hopper.

Heaven´s Gate. USA 1980. R: Michael Cimino. D: Kris Kristofferson, Christopher Walken, John Hurt, Sam Waterston, Brad Dourif, Isabelle Huppert, Joseph Cotten, Jeff Bridges, Mickey Rourke, Sam Peckinpah, Willem Dafoe.

Herr des Wilden Westens (Dodge City). USA 1939. R: Michael Curtiz. D: Errol Flynn, Olivia de Havilland, Ann Sheridan, Ward Bond.

Ich, Tom Horn (Tom Horn). USA 1980. R: William Wiard. D: Steve McQueen, Linda Evans, Elisha Cook jr..

In Colorado ist der Teufel los (The Sheepman). USA 1958. R: George Marshall. D: Glenn Ford, Shirley MacLaine, Leslie Nielsen, Pernell Roberts.

In einem fernen Land (Far And Away). USA 1992. R: Ron Howard. D: Tom Cruise, Nicole Kidman, Thomas Gibson, Cyril Cusack, Michelle Johnson.

Jeremiah Johnson. USA 1972. R: Sydney Pollack. D: Robert Redford.

Der Kaiser von Kalifornien. D 1936. R, B: Luis Trenker. D: Luis Trenker, Bernhard Minetti, Berta Drews, Wolfgang Staudte.

Der Kopfgeldjäger (Wanted: Dead Or Alive). USA 1958-1961. 94 Folgen. D: Steve McQueen.

Land der Gottlosen (Santa Fe Trail). USA 1940. R: Michael Curtiz. D: Errol Flynn, Olivia de Havilland, Raymond Massey, Ronald Reagan, Van Heflin, Ward Bond.

Lone Ranger (The Lone Ranger). USA 2013. R: Gore Verbinski. D: Johnny Depp, Armie Hammer, William Fichtner, Tom Wilkinson, Helena Bonham Carter.

Man nennt mich Hondo (Hondo). USA 1953. R: John Farrow. D: John Wayne, Ward Bond, Michael Pate, James Arness.

Man nennt mich Shalako (Shalako). GB/BRD/USA 1968. R: Edward Dmytryk. D: Sean Connery, Brigitte Bardot,

Stephen Boyd, Jack Hawkins, Peter van Eyck, Honor Blackman, Woody Strode.

Ein Mann, den sie Pferd nannten (A Man Called Horse). USA/MEX 1970. R: Elliot Silverstein. D: Richard Harris, Judith Anderson.

Der Mann, der Liberty Valance erschoss (The Man Who Shot Liberty Valance). USA 1962. R: John Ford. D: John Wayne, James Stewart, Vera Miles, Lee Marvin, Edmond O´Brien, Andy Devine, John Carradine, Woody Strode, Lee Van Cleef.

Der Mann mit den goldenen Colts (Warlock). USA 1959. R: Edward Dmytryk. D: Richard Widmark, Henry Fonda, Anthony Quinn, Dorothy Malone, DeForest Kelley.
Marx Brothers – Go West (Go West). USA 1940. R: Edward Buzzell. D: Groucho Marx, Chico Marx, Harpo Marx.

Massai – Der große Apache (Apache). USA 1954. R: Robert Aldrich. D: Burt Lancaster, Jean Peters, John McIntire, Charles Bronson.

Maverick. USA 1957-1962. 124 Folgen. D: James Garner, Roger Moore.

Maverick – Den Colt am Gürtel, ein As im Ärmel (Maverick). USA 1994. R: Richard Donner. D: Mel Gibson, Jodie Foster, James Garner, Graham Greene, Alfred Molina, James Coburn, Waylon Jennings, Doug McClure, Henry Darrow, James Drury, Danny Glover, Margot Kidder.

Mein kleiner Gockel (My Little Chickadee). USA 1940. R: Edward F. Cline. B: Mae West, W.C. Fields. D: Mae West, W.C. Fields, Margaret Hamilton.

Mein Name ist Nobody (Il Mio Nome È Nessuno). I/F/BRD 1973. R: Tonino Valerii. B (Idee): Sergio Leone. D: Terence Hill, Henry Fonda.

Mit stahlharter Faust (Man Without A Star). USA 1955. R: King Vidor. D: Kirk Douglas, Jeanne Crain, Claire Trevor, William Campbell, Richard Boone, Jay C. Flippen, Jack Elam.

Mr. Horn: Sein Weg zum Galgen (Mr. Horn). USA 1979.

R: Jack Starrett. D: David Carradine, Richard Widmark, Karen Black.

The New World. USA/GB 2005. R: Terrence Malick. D: Colin Farrell, Christopher Plummer, Christian Bale, John Savage, Jonathan Pryce.
Pioniere des wilden Westens (Cimarron). USA 1931. R: Wesley Ruggles. D: Irene Dunne.

Osceola. DDR 1971. R: Konrad Petzold. D: Gojko Mitic, Jürgen Frohriep.
Pocahontas. USA 1995. R: Mike Gabriel, Eric Goldberg.

Rauchende Colts (Gunsmoke). USA 1955-1975. 635 Folgen. D: James Arness, Milburn Stone, Amanda Blake, Ken Curtis, Dennis Weaver, Burt Reynolds.

Red River. USA 1948. R: Howard Hawks, Arthur Rosson. D: John Wayne, Montgomery Clift, Joanne Dru, Walter Brennan, John Ireland, Shelley Winters.

Rio Grande. USA 1950. R: John Ford. D: John Wayne, Maureen O´Hara, Ben Johnson, Ken Curtis.

Ritt zum Ox-Bow (The Ox-Bow Incident). USA 1943. R: William A. Wellman. D: Henry Fonda, Dana Andrews, Anthony Quinn, Harry Morgan, Margaret Hamilton.

Der Scharfschütze (The Shootist). USA 1976. R: Don Siegel. D: John Wayne, Lauren Bacall, Ron Howard, James Stewart, Richard Boone, Hugh O´Brian, Harry Morgan, John Carradine.
Der Schatz im Silbersee. BRD/YU/F 1962. R: Harald Reinl. D: Lex Barker, Herbert Lom, Götz George, Karin Dor, Marianne Hoppe, Eddi Arent, Ralf Wolter, Pierre Brice.

Der Schuh des Manitu. D 2001. R: Michael Herbig. D: Michael Herbig, Christian Tramitz, Sky du Mont, Marie Bäumer, Rick Kavanian, Anke Engelke, Herbert Feuerstein.

Der Siebente ist dran (7 Men From Now). USA 1956. R: Budd Boetticher. D: Randolph Scott, Lee Marvin, Stuart Whitman.

Sierra Charriba (Major Dundee). USA 1965. R: Sam Peckinpah. D: Charlton Heston, Richard Harris, Jim

Hutton, James Coburn, Senta Berger, Mario Adorf, Warren Oates, Ben Johnson, Michael Pate, John Davis Chandler.

Die Söhne der großen Bärin. DDR/YUG 1966. R: Josef Mach. D: Gojko Mitic, Blanche Kommerell, Henry Hübchen.

Tausend Meilen Staub (Rawhide). USA 1959-1965. 217 Folgen: D: Clint Eastwood.

Der Teufelshauptmann (She Wore A Yellow Ribbon). USA 1949. R: John Ford. D: John Wayne, Joanne Dru, Ben Johnson.

Union Pacific. USA 1939. R: Cecil B. DeMille. D: Barbara Stanwyck, Joel McCrea, Robert Preston, Brian Donlevy, Anthony Quinn, Lon Chaney jr., Ward Bond, Elmo Lincoln.

Vera Cruz. USA 1954. R: Robert Aldrich. D: Gary Cooper, Burt Lancaster, Jack Elam, Ernest Borgnine, Charles Bronson.

Der weiße Büffel (The White Buffalo). USA 1977. R: J. Lee Thompson. D: Charles

Bronson, Jack Warden, Will Sampson, Kim Novak, Clint Walker, Stuart Whitman, John Carradine.

Das Wiegenlied vom Totschlag (Soldier Blue). USA 1970. R: Ralph Nelson, D: Candice Bergen, Peter Strauss, Donald Pleasence, John Anderson.

The Wild Bunch – Sie kannten kein Gesetz (The Wild Bunch). USA 1969. R: Sam Peckinpah. D: William Holden, Ernest Borgnine, Robert Ryan, Edmond O´Brien, Warren Oates, Ben Johnson.

Wild Wild West. USA 1999. R: Barry Sonnenfeld. D: Will Smith, Kevin Kline, Kenneth Branagh, Salma Hayek, Ted Levine.

Winchester 73. USA 1950. R: Anthony Mann. D: James Stewart, Shelley Winters, Dan Duryea, John McIntire, Jay C. Flippen, Rock Hudson, Tony Curtis.

Wo Männer noch Männer sind (Pardners). USA 1956. R: Norman Taurog. D: Dean Martin, Jerry Lewis, Agnes Moorehead, Lon Chaney jr., Lee Van Cleef, Jack Elam.

Young Guns – Sie fürchten weder Tod noch Teufel (Young Guns). USA 1988. R: Christopher Cain. D: Emilio Estevez, Kiefer Sutherland, Lou Diamond Phillips, Charlie Sheen, Dermot Mulroney, Terence Stamp, Jack Palance, Brian Keith.

Zähl bis drei und bete (3:10 To Yuma). USA 1957. R: Delmer Daves. D: Glenn Ford, Van Heflin, Henry Jones, Richard Jaeckel.

Zwei Banditen (Butch Cassidy And The Sundance Kid). USA 1969. R: George Roy Hill. B: William Goldman. D: Paul Newman, Robert Redford, Katharine Ross, Strother Martin, Henry Jones, Cloris Leachman, Sam Elliott.

Zwei rechnen ab (Gunfight At The O.K. Corral). USA 1957. R: John Sturges. B: Leon Uris. D: Burt Lancaster, Kirk Douglas, Rhonda Fleming, Jo Van Fleet, John Ireland, Dennis Hopper, DeForest Kelley, Lee Van Cleef, Jack Elam.

Zwei ritten nach Texas (Way Out West). USA 1937. R: James W. Horne. D: Stan Laurel, Oliver Hardy.

Zwölf Uhr mittags (High Noon). USA 1952. R: Fred Zinnemann. D:Gary Cooper, Thomas Mitchell, Lloyd Bridges, Katy Jurado, Grace Kelly, Lon Chaney jr., Harry Morgan, Lee Van Cleef, Robert J. Wilke, Jack Elam.

Quellen

americanhistory.si.edu (National Museum of American History)
bastei.de
businessinsider.de
comicsbox.de
deutschlandfunk.de
dict.leo.org
geisterspiegel.de
gutefrage.net
imdb.com
karl-may-wiki.de
lostinfactsandfiction.de
lrgaf.org (The Long Riders Guild)
mojavedesert.net
rebeltrail.de
de.wikipedia.org
en.wikipedia.org
wilder-westen.org
wilder-westen-web.de
zauberspiegel-online.de

Weitere Links und Adressen

eaasdc.eu (European Association of American Square Dancing Clubs
e.V.)
karl-may-gesellschaft.de
quizverein.de (Deutscher Quiz.Verein)
rodeo-america.de
westernbund.de (Western-Bund Deutschland, auf dieser Seite gibt es
eine Liste mit über 90 Mitgliedsvereinen in Deutschland und Europa)

Bildnachweis

Foto S. 8 mit freundlicher Genehmigung Projectwerkstatt/Giko Krömker
Alle anderen Abbildungen gemeinfrei/Public Domain

Lösungen

Seite 8: Truck Stop, Will Smith, (West) Virginia, **Seite 9**: Jamestown, Pocahontas, Mayflower, Plymouth, Thanksgiving (Day), **Seite 10**: Salem, Arthur Miller, **Seite 11**: White Anglo-Saxon Protestants, Umpah-Pah, Lederstrumpf ODER Falkenauge ODER Wildtöter ODER Pfadfinder, Daniel Boone, **Seite 12**: Uncas, Hellmut Lange, Mason-Dixon-Linie, Boston Tea Party, **Seite 13**: George Washington, (Hauptstadt der) Country-Musik, Louisiana (Purchase), **Seite 14**: Charlton Heston, **Seite 15**: John Johnson bzw. Jeremiah Johnson, Korea-Krieg, Kentucky ODER Tennessee, Alamo, **Seite 16**: James "Jim" Bowie, David "Davy" Crockett, Mississippi, Tom Sawyer ODER Huckleberry Finn, Oregon Trail, **Seite 17**: Square Dance, Poker(n), **Seite 18**: Donner Party, Charles Chaplin/Goldrausch, Lakritz, **Seite 19**: Es war der einzige Vertrag zwischen Rot und Weiß, der nie gebrochen wurde, Titanic, **Seite 20**: Luis Trenker, San Francisco 49ers, Jeans, Mojave ODER Sonora, **Seite 21**: (The) Joshua Tree, Mustang, Kamel, Karibu, Klapperschlange, Florida, **Seite 22**: Seminolen, Osceola, Chili con Carne, Puma, Tumbleweed, **Seite 23**: Pinkerton, Wells Fargo, American Express, Der(r)inger, **Seite 24**: Zorro, **Seite 25**: John Brown, **Seite 26**: Victor Hugo, **Seite 27**: Pony Express, Henry Stutzen, Silberbüchse, Smith & Wesson, Winchester, **Seite 28**: Rock Hudson ODER Tony Curtis, Remington, **Seite 29**: Oliver Cromwell, Gatling (Gun), Charleston, Fort Knox, Goldfinger, **Seite 30:** Fort Laramie, Samuel Colt, Buscadero, Gettysburg, U-Boot, **Seite 31**: Robert E. Lee/William T. Sherman/Ulysses S. Grant, **Seite 32**: Abraham Lincoln, **Seite 33**: Bones (- Die Knochenjägerin), William Quantrill, Leutnant Blueberry, **Seite 34**: Jean-Paul Belmondo, John B. Stetson, **Seite 35**: Ku Klux Klan, **Seite 36**: Drogenkonsum, Bob Dylan, Buffalo Soldiers, Central Pacific ODER Union Pacific, **Seite 37**: Anthony Quinn, **Seite 38**: Dodge City, George Mortimer Pullman, Roundup, **Seite 39**: Stampede, Red River, **Seite 40:** Jack Lemmon, **Seite 41**: Clint Eastwood, Gitte (Haenning), **Seite 42**: Rodeo, Friedrich Gerstäcker, George Catlin, Wigwam, **Seite 43**: Heino, Bison, Der mit dem Wolf tanzt, Neil Young, **Seite 44**: Charles Bronson, **Seite 45:** Elmore Leonard, Manitu, Sonnentanz, Totempfahl, **Seite 46**: Skalp, Friedenspfeife, Tomahawk, Friedhof der Kuscheltiere bzw. Pet Sematary, **Seite 47**: Wendigo, Navajo, Cochise, **Seite 48**: James Stewart, **Seite 49**: George Armstrong Custer, **Seite 50:** (Schlacht am)

Little Bighorn, Crazy Horse/Sitting Bull, **Seite 51**: Buffalo Bill, **Seite 52**: Das Schweigen der Lämmer, Billy Jenkins, Conny Cöll, James Butler „Wild Bill" Hickok/Dead Man´s Hand, John Wesley Hardin, **Seite 53**: Mormonen, **Seite 54**: Stacheldraht/Schafe, Leslie Nielsen, **Seite 55**: Billy the Kid, **Seite 56**: Martin Sheen, **Seite 57**: Bonanza/Ponderosa, Adam ODER Eric „Hoss" ODER Joseph „Little Joe", **Seite 58**: (The) High Chaparral/(Die Leute von der) Shiloh Ranch, Owen Wister, **Seite 59**: Barbara Stanwyck, **Seite 60**: Showdown, O.K. Corral, Zahnmedizin ODER Zahnarzt, Burt Lancaster/Kirk Douglas, Dalton, **Seite 61**: Paul Newman/Robert Redford, Robbers Roost, Sam Peckinpah, Mein Name ist Nobody, **Seite 62**: Jesse James, Johnny Ringo, Rauchende Colts, **Seite 63**: Zwölf Uhr mittags, Lee Van Cleef, **Seite 64**: Tex Ritter, Bruce Low, Bounty Hunter, **Seite 65**: Steve McQueen, Die glorreichen Sieben, Denzel Washington, **Seite 66**: Marlboro, Django, Quentin Tarantino, Black Bart, **Seite 67**: Oklahoma, **Seite 68**: James Dean, **Seite 69**: Wounded Knee, Marlon Brando, **Seite 70**: Der Besessene, Klondike, Dagobert Duck, Jack London, (Der) Seewolf, Dracula, **Seite 71**: Theodore Roosevelt, **Seite 72**: Robin Williams, Teddy-Bär, Der große Eisenbahnraub, **Seite 73**: "Judge" Roy Bean, Clint Eastwood, **Seite 74**: Calamity Jane, **Seite 75**: Doris Day, **Seite 76**: Tom Horn, Geronimo, **Seite 77**: Hopalong Cassidy, Carl Schurz, **Seite 78**: Karl Marx, **Seite 79**: Karl May, **Seite 80**: Winnetou, Emiliano Zapata/Pancho Villa, Theo Kojak, Annie Oakley, **Seite 81**: Ennio Morricone/Sergio Leone, Johnny Cash, Columbo, Kris Kristofferson, **Seite 82**: Stagecoach, Lone Ranger, Green Hornet bzw, Grüne Hornisse, **Seite 83**: Bruce Lee, **Seite 84**: Stan Laurel & Oliver Hardy/Marx Brothers/Mae West/W.C. Fields, Jerry Lewis/Dean Martin, **Seite 85**: Marlene Dietrich, **Seite 86**: Max Brand, Er war der höchstdekorierte US-Soldat im 2. Weltkrieg, **Seite 87**: Tom Mix, **Seite 88**: Ritt zum Ox-Bow, (Ghost) Riders In The Sky, John Ford, Die Söhne der großen Bärin, **Seite 89**: Gojko Mitic, Jerry Spring, Bad Segeberg/Elspe, Vera Cruz, Hernán Cortés ODER Fernando Cortez, **Seite 90**: Frank Lloyd Wright, Lucky Luke, **Seite 91**: Spencer Tracy, **Seite 92**: Otto Preminger/Marilyn Monroe, Konsum von Marihuana, Stan Lee/Jack Kirby, **Seite 93**: Randolph Scott, **Seite 94**: Joel McCrea, **Seite 95**: Maverick, James Garner, Warlock bzw. Der Mann mit den goldenen Colts, Denver Broncos/Dallas Cowboys, Homer Simpson, **Seite 96**: Ben Hur, Texas Rangers, Chuck Norris, Royal Canadian Mounted Police/Mounties, Michael Curtiz, **Seite 97**: Errol Flynn, **Seite**

98: Ronald Reagan, Der Schatz im Silbersee, Jugoslawien, Old Firehand, Marie Versini, Martin Böttcher, **Seite 99**: Der Schuh des Manitu, Das war der wilde Westen, Einsam sind die Tapferen, Fuzzy, Dr. Seltsam (oder: Wie ich lernte, die Bombe zu lieben), **Seite 100**: Bessy/Lasso, Mario Adorf/Senta Berger, Anthony Mann, Terence Hill/Bud Spencer, **Seite 101**: Das Wiegenlied vom Totschlag, Rodd Redwing, **Seite 102**: Lee Marvin, **Seite 103**: Kung Fu/Kwai Chang Caine, Ronco/Lobo, Terence Hill/Charles Bronson, Lassiter, Ulzana, **Seite 104**: Yakari, Westworld, **Seite 105**: Dolly Parton, The Bosshoss, **Seite 106**: Stand By Your Man, Cherokee, Duke, **Seite 107**: Humphrey Bogart, **Seite 108**: Der Mann, der Liberty Valance erschoss, Hardy Krüger, Paul Breitner, Rubber Duck, Louis L´Amour, **Seite 109**: Für eine Handvoll Dollar ODER Für ein paar Dollar mehr ODER Zwei glorreiche Halunken, Spiel mir das Lied vom Tod, Aaron Copland, **Seite 110**: Emerson, Lake & Palmer, Toy Story, Gene Autry/Roy Rogers, **Seite 111**: G.F. Unger, Robert Ullman, Dan Oakland/Zurdo/(Rascal) Cheyenne, **Seite 112:** Zähl bis drei und bete ODER Todeszug nach Yuma/Glenn Ford, **Seite 113**: Donald Trump